Alice Lehoux & Natacha Ruiz

GUIDE de la MODE écoresponsable

Les clés pour mieux la comprendre
et mieux la consommer

MANGO

SOMMAIRE

PRÉFACE

Traduction tangible de nos valeurs et de nos habitudes, la mode n'a rien d'un sujet superficiel. Son impact sur l'humain et la planète n'est aujourd'hui plus une réalité connue des seuls experts ; les articles, ouvrages et vidéos se sont multipliés ces dernières années pour informer le grand public sur les problématiques de cette industrie - effrayante invasion des micro-plastiques dans les océans, travail forcé dans les champs de coton, déséquilibre des marchés africains par les afflux massifs de vêtements usagés venus d'Europe, substances chimiques dans les textiles, maltraitance des animaux et bien d'autres.

Si elle a forcément une empreinte sur l'environnement, comme toute activité de production nécessitant des ressources, la mode n'est pas mauvaise en soi : il est possible de faire différemment, de mieux produire, d'avoir un impact positif sur les millions de personnes qui dépendent plus ou moins directement de cette industrie. Véritablement mondiales, les chaînes d'approvisionnement des vêtements et accessoires nous lient à des savoir-faire rares et des communautés reculées, de l'élevage des chèvres cachemire sur les plateaux arides de Mongolie à la collecte du caoutchouc sauvage dans les forêts du Brésil.

Crise environnementale, conditions de travail préoccupantes dans certaines usines et nombreuses opportunités : il est nécessaire et urgent d'agir. Comment y voir clair face à la diversité des enjeux ? Comment distinguer, parmi les nombreux messages « *green* » des marques, les véritables engagements des effets de communication ? Ce guide propose des clés simples pour mieux comprendre les enjeux de la mode, faire des choix d'achat (ou de réparation !) plus éclairés et re-créer des liens avec nos vêtements.

Toi qui lis ces lignes, tu détiens un pouvoir d'influence important pour faire évoluer les pratiques de l'industrie par tes choix de consommation, ta liberté d'interroger les enseignes et ton rôle dans la diffusion d'informations fiables. Il n'y a pas de fatalité et tout peut évoluer. Conjugués au travail de professionnels du secteur, dont certains témoignent dans les pages qui suivent, les efforts de chacun, pas à pas, contribueront à faire bouger les lignes tout autour de la planète. Bonne lecture, et à l'action !

Elleore Bornstein, spécialiste RSE* dans l'industrie de la mode

**(Responsabilité sociétale des entreprises)*

INTRODUCTION

Shopaholic ou adeptes des magasins de seconde main, nous avons tous une relation particulière avec nos vêtements. Ils nous rappellent des souvenirs, nous portent chance, nous donnent confiance en nous. Ils définissent qui nous sommes, qui nous souhaitons être face aux autres. Et la mode n'a jamais été aussi accessible ! En ligne ou en boutique, tous les styles sont à portée de main et de bourse.

Mais cette accessibilité a un coût, un coût de plus en plus lourd pour la planète et pour l'homme. On entend tous les jours parler de l'impact social de la *fast fashion*, ou de la catastrophe écologique de la production textile dans les pays émergents. Il n'est plus possible d'ignorer que notre consommation de vêtements contribue au réchauffement climatique et à l'exploitation de travailleurs dans des pays pas si éloignés du nôtre.
Il est pourtant déjà possible de consommer mieux, autrement, pour devenir un acteur d'une mode plus juste et plus durable. Si, vous aussi, vous souhaitez tout comprendre à la mode écoresponsable pour faire de meilleurs choix en boutique : ce guide est fait pour vous ! Il a pour vocation d'apporter une réflexion claire et factuelle sur la manière dont nous consommons la mode aujourd'hui. Le guide opère tout d'abord un bref retour historique sur l'émergence de la mode comme facteur de société et sa progressive diffusion vers le grand public. Il éclaire ensuite les différentes étapes de la production textile pour mieux en comprendre les tenants et aboutissants. Il propose aussi des clés pour mieux choisir ses vêtements et accessoires de mode en magasin ou sur Internet, une réflexion personnelle sur le *shopping*, ainsi que des conseils pratiques pour constituer une garde-robe écoresponsable et l'entretenir dans le temps.
Il est important de préciser que ce guide n'a pas pour objectif de culpabiliser les *fashionistas*, ou d'incriminer les enseignes de mode. Nous souhaitons juste ouvrir une porte, celle des coulisses de la mode contemporaine, pour amener les consommateurs que nous sommes tous à une prise de conscience. Acheter des vêtements est devenu un acte extrêmement banal, tellement anodin

que l'on ne se pose jamais la question de la provenance de notre garde-robe. On ne s'offusque plus de jeter un tee-shirt porté une fois ou deux car il s'est abîmé au lavage : il n'était pas cher, on le remplacera. Savoir et comprendre comment sont faits nos achats textiles, c'est reprendre le pouvoir sur notre consommation et en faire un acte citoyen et un engagement écologique.

Sans jugement, sans catastrophisme, ce guide vous apportera des clés et conseils pratiques pour consommer d'une manière plus responsable au quotidien. Il vous aidera à choisir des vêtements de meilleure qualité, plus durables, adaptés à votre personnalité et à votre budget.

Tout au long de votre lecture, vous découvrirez des témoignages d'acteurs de l'industrie de la mode et du textile illustrant nos recherches grâces leurs expériences du terrain, leurs anecdotes et leurs actions pour rendre l'industrie de la mode plus écologique, responsable et vertueuse.

1 LE MONDE DE L'INDUSTRIE DE LA MODE ET DU TEXTILE

La *mode* est devenu un mot générique. On l'utilise pour parler aussi bien des tendances, que des vêtements eux-mêmes, ou des marques et des enseignes de vente. Il englobe les textiles, les chaussures et les accessoires qui nous habillent. Nous pensons tous la connaître, que nous la suivions à la lettre ou que nous l'ignorions pour définir notre propre style. Mais savez-vous ce que signifie véritablement ce terme et comment tout a commencé ?

BRÈVE DÉFINITION DE LA MODE

Selon le dictionnaire Le Larousse[1], « mode » est à la fois un mot masculin et féminin ! Dans sa version masculine, il désigne une « manière particulière sous laquelle se présente quelque chose ; forme particulière d'une action : mode de vie, de transport ». Dans sa version féminine, il signifie : « manière de vivre, de se comporter, propre à une époque, à un pays : Se conformer à la mode de chez nous », mais aussi : « Manière passagère de se conduire, de penser, considérée comme de bon ton dans un milieu, à un moment donné : La mode des vacances à la ferme. La mode des cheveux courts. Suivre la mode. »

La mode évoque donc paradoxalement à la fois quelque chose de durable et l'éphémère. Elle peut aussi bien être le résultat d'un héritage historique (le mode de vie à la française, par exemple), mais aussi une tendance temporaire (comme le port du bandana ou des *pin's*).

Pour ce qui nous intéresse ici, la mode vestimentaire, le terme désigne l'actualité et la nouveauté, ce qui est tendance, ce qu'il faut porter à un moment précis pour être reconnu comme une personne de bon goût. Et elle change de plus en plus vite ! On voit de nouvelles vogues émerger en permanence d'abord par le biais des magazines de mode, dès 1945, et depuis ces dernières années grâce aux influenceurs sur les réseaux sociaux et les bureaux de tendance.

La mode est profondément liée à l'état de la société dans laquelle elle évolue. Chaque époque a connu sa tenue vestimentaire type, matérialisant l'évolution et les transformations économiques et sociales de son temps. La mode peut ainsi être vue comme un repère temporel permettant d'identifier une époque et ses enjeux.

Aujourd'hui, elle est en pleine mutation. Poussée dans ses retranchements pour toujours plus de nouveautés, elle se heurte à la réalité des enjeux climatiques et sociaux qu'elle a contribué à provoquer. Une tendance de fond émerge, celle de voir la mode devenir plus responsable, plus éthique. Et nous espérons qu'elle passera moins vite que les jeans taille basse...

1909
1917
1920
1930
1940
1950
1960
1970
1980
1990
2000
2010

PETIT VOYAGE DANS LE TEMPS !

Connaissez-vous l'histoire de la mode ? Savez-vous quand elle est apparue pour la première fois ?

Les prémices et la naissance de la mode

On retrouve les premières traces de vêtures durant la préhistoire. Comme vous pouvez l'imaginer, à cette époque, le vêtement avait un rôle plutôt fonctionnel. Selon les spécialistes, les peaux de bêtes remplaçaient les poils afin de protéger les humains du froid, de la pluie et des brûlures du soleil. Ils vont aussi progressivement servir à cacher la nudité.

La mode comme nous la connaissons verra le jour des milliers d'années plus tard. Au cours des siècles, le vêtement a développé une nouvelle fonction sociale : celle de définir l'appartenance à une tribu, un village, une corporation professionnelle, une région, bref à une communauté. Les habits, et plus largement la mode, incarnent alors le miroir de la condition sociale. L'habit fait littéralement le moine, et un gentilhomme se reconnaît à la qualité de son pourpoint. Malgré la mondialisation, cette fonction perdure. Certaines ethnies ou certains corps de métiers utilisent toujours le vêtement comme moyen de différenciation et d'identification. On ne choisit donc pas son apparence : elle est déterminée par sa condition sociale.

Au travers du Moyen Âge et de la Renaissance, on commence à voir poindre les premières tendances. Dès le XVIe siècle, les premiers livres sont publiés sur la mode qui se porte, et des gravures illustratives les accompagnent. Les cours d'Europe rivalisent d'élégance et d'audace (souvenez-vous des robes à crinoline et des perruques imcommodes des favorites royales !) pour montrer leur sophistication. Le bon goût est défini par l'élite (roi, reine, cours royale), mais aussi par la religion, gardienne des bonnes mœurs. Pour les plus riches, les vêtements sont dessinés et fabriqués à la main par des artisans, qui importent parfois des étoffes précieuses de pays lointains. Plus la personne est riche, plus elle aura « de linge ». Pour les plus modestes, ce sont les femmes qui tissent, cousent, reprisent et tricotent à domicile, parfois avec l'aide de machine actionnée manuellement (métiers à tisser, à filer). Elles se transmettent ce savoir-faire de mère en fille. Tout est alors réalisé exclusivement sur mesure.

L'ère de l'industrialisation : l'avènement du prêt-à-porter

Au XVIIIe siècle, la découverte du fonctionnement de la machine à vapeur par James Watt est à l'origine de la première révolution industrielle. L'industrie textile est l'une des premières à en bénéficier. Dès les années 1800, les machines à coudre mécanisées sont commercialisées au Royaume-Uni puis en France. La production est rationalisée et subdivisée en plusieurs pôles : filature, tissage et confection (l'ancêtre du prêt-à-porter). Elle emploie majoritairement des femmes. Des régions françaises commencent à se spécialiser comme dans l'Avesnois, le Cambrésis, à Calais et autour de Roubaix.

La fabrication du vêtement quitte le foyer familial. Le développement de la fabrication en série va de paire avec la création des grands magasins. Le textile industriel commence à inonder les vitrines des grandes villes, puis des provinces en proposant des vêtements prêts à être portés, avec des tailles standardisées. La confection s'organise pour répondre aux besoins grandissants d'une population qui s'urbanise. Le premier phénomène de « mode de masse » apparaît.

En 1852, Le Bon Marché ouvre ses portes à Paris, il est largement considéré comme le premier grand magasin moderne. Il transforme l'expérience d'achat en une activité de loisir. En parallèle, la mode s'associe à la haute couture, qui fabrique artisanalement ses collections exclusivement dans les ateliers des couturiers. À partir de 1900, Paris dénombre une petite vingtaine de maisons de haute couture. Ces couturiers prestigieux (Chanel, Yves Saint Laurent, Christian Dior, etc.) travaillent pour une clientèle aisée.

Dans les années 1930, le prêt-à-porter se fédère et s'organise pour innover. Avec la démocratisation de la mode, la confection a besoin de plus de main-d'œuvre pour produire en plus grandes séries. Un groupe d'inventeurs et de chimistes britanniques crée la première fibre de polyester, appelée Térylène. Aujourd'hui, le polyester représente environ 60 % de l'industrie textile mondiale.

À partir de 1950, l'économie entière est basée sur le principe de production de masse. Durant les Trente Glorieuses qui ont suivi la Seconde Guerre mondiale, l'augmentation du pouvoir d'achat pousse les fabricants à produire en grande quantité et le plus vite possible avec des matières modernes, peu chères et faciles d'entretien. Les matières synthétiques ont le vent en poupe.

Dans le *swing* des années 1960, on voit les vêtements moins comme une nécessité, mais plus comme un moyen d'expression de soi. La « robe en papier » à l'usure unique fait fureur, indiquant la montée d'une culture du jetable vue dans de nouveaux produits tels que des couverts jetables. On ne réalise pas encore l'impact que ces nouvelles matières auront sur l'environnement durant leur fabrication et leur entretien.

De la consommation de masse à la *fast fashion*

Textile et mondialisation

Dès les années 60, la **mondialisation** telle que nous la connaissons aujourd'hui prend son essor. Elle naît principalement de la multiplication des accords commerciaux, mais aussi de l'invention du conteneur, puis plus tard d'Internet. Le conteneur me direz-vous ? Tout à fait ! L'invention de ce caisson de transport en métal résistant, aux dimensions standardisées, a donné un gros coup d'accélérateur aux échanges de produits manufacturés. Il permet de limiter le temps de rupture de charge et de transbordement, c'est-à-dire le temps nécessaire pour transférer les produits d'un moyen de transport à un autre.

Les fabricants de mode occidentaux y ont vu une opportunité : sous-traiter une grande partie de leur production dans des régions en développement comme l'Asie du Sud et de l'Est permettait d'énormes gains de productivité. Salaires bon marché, conditions de production et régulation de travail peu exigeantes : le coût de revient de chaque pièce était infiniment plus bas qu'en Europe.

Naissance de la *fast fashion*

Ces modes de production rapides et au rabais ouvrent la voie à une nouvelle ère de l'industrie textile : la *fast fashion*. Elle repose sur le principe d'un renouvellement très rapide des collections pour suivre les nouvelles tendances. Les vêtements sont vite produits, vite achetés (car peu chers), vite portés, mais aussi vite jetés (car rapidement démodés et abîmés). Afin de vendre de grandes quantités, ce système repose sur une fabrication intensive de vêtements de moins bonne qualité, souvent en fibres synthétiques. La *fast fashion* a créé un nouveau type de clients cherchant à tout prix la bonne affaire. Ce changement a également eu pour effet de comprimer les marges de l'industrie et de favoriser l'idée que les vêtements peuvent être jetables. Les conséquences socio-environnementales de **la *fast fashion*** sont désastreuses, et les marques ont mis du temps à s'en soucier.

De nouveaux défis

Les principaux risques de la délocalisation sont le **manque de traçabilité** des usines de fabrication et, par conséquent, **l'opacité de la chaîne de production**. À distance, il est

plus difficile pour les marques européennes de vérifier les conditions de production. Les donneurs d'ordres de l'industrie textile ne se rendent pas toujours dans les usines et les ateliers. Certains se défaussent sur leurs intermédiaires locaux pour mettre en place des process de contrôle, qui ne voient bien souvent pas le jour. Les conséquences peuvent être désastreuses. On se souvient tous de l'effondrement de l'usine du Rana Plaza en 2013 au Bangladesh. De grandes marques de mode se sont aussi retrouvée au cœur de véritables scandales comme Nike en 1996, pour avoir eu recours au travail d'enfants pour la couture de ses ballons de football. Cette internationalisation de la production s'accompagne donc **de nombreux défis pour l'industrie de la mode, du textile et et ses consommateurs**.

De plus, la France est particulièrement concernée par ses enjeux étant donné le poids de l'industrie de la mode dans l'économie française et mondiale. En 2016, l'IFM a réalisé une étude démontrant que l'industrie de la mode (incluant le textile, les vêtements, les chaussures, la maroquinerie, l'horlogerie, la bijouterie, la joaillerie, l'optique, les parfums et les cosmétiques) a généré un chiffre d'affaires de 150 milliards d'euros et a contribué directement ou indirectement pour plus de 67 milliards d'euros de valeur ajoutée au PIB français, soit 2,7 % du PIB. Ces données placent l'industrie de la mode loin devant des industries aussi emblématiques que l'aéronautique ou l'automobile. Cet état des lieux met en avant le rôle crucial que la France doit jouer pour transformer en profondeur le fonctionnement de l'industrie de la mode.

source : www.ifmparis.fr/fr/actualites/une-etude-inedite-sur-les-chiffres-cles-de-la-mode

La mutation de l'industrie de la mode à travers le temps

Jean-Pierre Mocho, fondateur de JPS Conseil et initiateur de la chaire BALI, est un expert de l'industrie de la mode. Il a été fabricant et distributeur de grandes marques fabriquées en France, ainsi que président de la Fédération française du prêt-à-porter féminin de 2000 à 2013 et six ans président de l'Union de l'habillement. Il est aussi fondateur et président pendant 10 ans de l'école de mode Mod'spé Paris. Il met aujourd'hui son expertise au service du développement de projets de jeunes entreprises et il développe la chaire BALI, dont il est l'initiateur.

La mode a toujours fait partie intégrante de ma vie. Mon père, représentant dans le Sentier, a ouvert une société de fabrication avec ma mère, une excellente technicienne. J'ai vécu la transformation de l'industrie de la mode et de l'habillement dès les années 70 en prenant la direction de la société familiale Jean Pierre Sport qui devient fabricant licencié de grandes marques haute couture, créateur et prêt-à-porter.

À cette époque, la maison Carven décroche un contrat avec l'Arabie Saoudite pour habiller l'équipage de la compagnie « Saudia », soit 4 000 personnes volantes, et m'en confie la responsabilité en tant que Président des uniformes (société CIME). Par ricochet, j'habille la majorité des compagnies aériennes du golfe. Par la suite, je gère, fabrique et anime pour Carven une cinquantaine de contrats dont TGV, Air France, Air Gabon, Air Cameroun, Christofle...

J'ai contribué à la naissance des créateurs et à l'exploitation des licences françaises. À noter, que les licences[2] ont longtemps existé uniquement à l'étranger.

Une partie des résultats de mon entreprise, réalisés grâce à la production des uniformes, a été réinvestie pour aider le développement d'une trentaine de créateurs et marques de couture sous licence tels que Balenciaga, Michel Goma, Sonia Rykiel, Carven, Céline, Anne-Marie Beretta, Diamant Noir, Élisabeth de Senneville... Je finançais ainsi la production sous licence de leur collection de prêt-à-porter de luxe. Les marques étaient chargées de leur commercialisation et je finançais l'ensemble de la prestation en livrant directement les boutiques multimarques en France et à l'étranger, puis reversais des royalties aux marques pour leurs action et création.

J'étais un des rares à travailler de cette manière à Paris. Mon équipe avait la capacité de tout créer techniquement de la couture au prêt-à-porter. Mes collaborateurs savaient interpréter le besoin du couturier non pas à la main, mais mécaniquement. Ils montaient un vêtement à la machine avec le rendu et la même qualité que le rendu cousu main pratiqué dans la haute couture. Mon équipe avait une très bonne maîtrise de la technique.

Aujourd'hui, le prêt-à-porter de luxe que nous avons fabriqué n'existe plus. La qualité du moyen de gamme du siècle dernier est devenue le luxe d'aujourd'hui.

Dès le début des années 90, une mutation s'opère accélérée par la constitution du groupe LVMH. La demande commence à évoluer et les marques de couture connaissent une transformation qui s'accélère simultanément avec la guerre du Golfe ce qui me contraint à changer ma façon de travailler.

Ma société d'origine est cédée et en 1996 je crée une nouvelle société en charge de la fabrication des uniformes d'Air France et de ceux des vendeuses de Louis Vuitton et de Bally. En 1999, j'ai été directeur général de Dior Lingerie pendant deux ans.

À cette époque, j'ai également été mandaté par une marque de luxe pour fabriquer, contrôler et livrer 300 000 pièces en me rendant au Bangladesh. J'ai découvert la situation de ce pays 15 ans avant l'effondrement du Rana Plaza. Il était bien évidemment difficile et rustique comme on peut l'imaginer, mais les habitants et professionnels ont tous été accueillants. À cette époque personne ne parlait de la situation au Bangladesh. J'ai travaillé avec les ouvriers au sein de l'atelier et j'ai suivi la production. À noter, qu'il y a plus de 20 ans les Chinois commençaient la mutation en créant des usines au Bangladesh pour faire de la Chine le luxe du continent.

De 2000 à 2013, je suis élu président de la Fédération française du prêt-à-porter féminin, organisateur des salons Prêt-à-Porter Paris que j'ai vendu en 2011. Conjointement, je commence à mettre en place La Maison du Prêt-à-Porter (immeuble rue Caumartin à Paris) parrainée par Pierre Berger afin de réunir toutes les institutions du secteur de la mode.

C'est à ce moment-là que je prends conscience qu'une mutation s'opère dans le domaine de la mode au niveau écologique. Après un temps de réflexion, je décide de mettre en place la chaire BALI à Biarritz afin d'accompagner les entreprises de la mode, du textile et de l'habillement dans la compréhension et le déploiement des nouvelles matières innovantes et durables qui constituent le futur de l'industrie de la mode dont la mission est d'être de plus en plus à l'écoute du consommateur.

Jean-Pierre Mocho, fondateur de JPS Conseil.

2 L'IMPACT DE L'INDUSTRIE DE LA MODE ET DU TEXTILE SUR LE MONDE

Comment la fabrication de nos vêtements affecte-t-elle notre planète et notre société ? Quels sont les impacts de ces industries ? Découvrez ses étapes de production pour mieux comprendre son fonctionnement.

LE CYCLE DE VIE D'UN PRODUIT ET SES IMPACTS

L'industrie de la mode est à l'origine d'impacts sociaux et environnementaux très lourds, tout au long de sa chaîne de production. Même industrialisée, la confection reste très intensive en main d'œuvre. Les travailleurs sont souvent la variable d'ajustement dans la réduction des coûts de production, tant au niveau des salaires que des conditions de travail. Afin de mieux comprendre pourquoi et comment la fabrication de nos vêtements affecte notre planète et notre société, nous allons parcourir le cycle de vie d'un produit textile. Chaque étape nous permettra de détailler les enjeux et les risques de la confection telle qu'elle est réalisée aujourd'hui.

Avant toute chose, il est important de rappeler qu'il n'existe aucun produit dont l'impact soit nul. Même les produits dits « écologiques » ou « bons pour l'environnement » ont des impacts négatifs sur l'environnement. En effet, tout produit a besoin de matières premières, d'énergie et d'une intervention humaine pour être fabriqué.

Donc même lorsqu'une attention particulière est apportée pour amoindrir son empreinte, aucun procédé n'est totalement neutre. Il aura, quoi qu'il arrive, des impacts sociaux et environnementaux. Dans le cas de la filière textile, ces deux types d'impacts sont étroitement corrélés.

Production de matières premières

La production des matières premières seules pèse pour beaucoup dans la balance environnementale de la filière textile.

Le sujet est vaste et très bien documenté grâce au travail d'associations ou d'ONG spécialisées. Afin d'avoir un aperçu de la situation sans trop se perdre dans les chiffres, nous allons prendre des exemples (matière, événements, processus) précis et les expliquer. Ce guide cherche à donner des éléments simples pour mieux choisir ses vêtements. Voyons tout d'abord d'où viennent les étoffes qui composent nos habits.

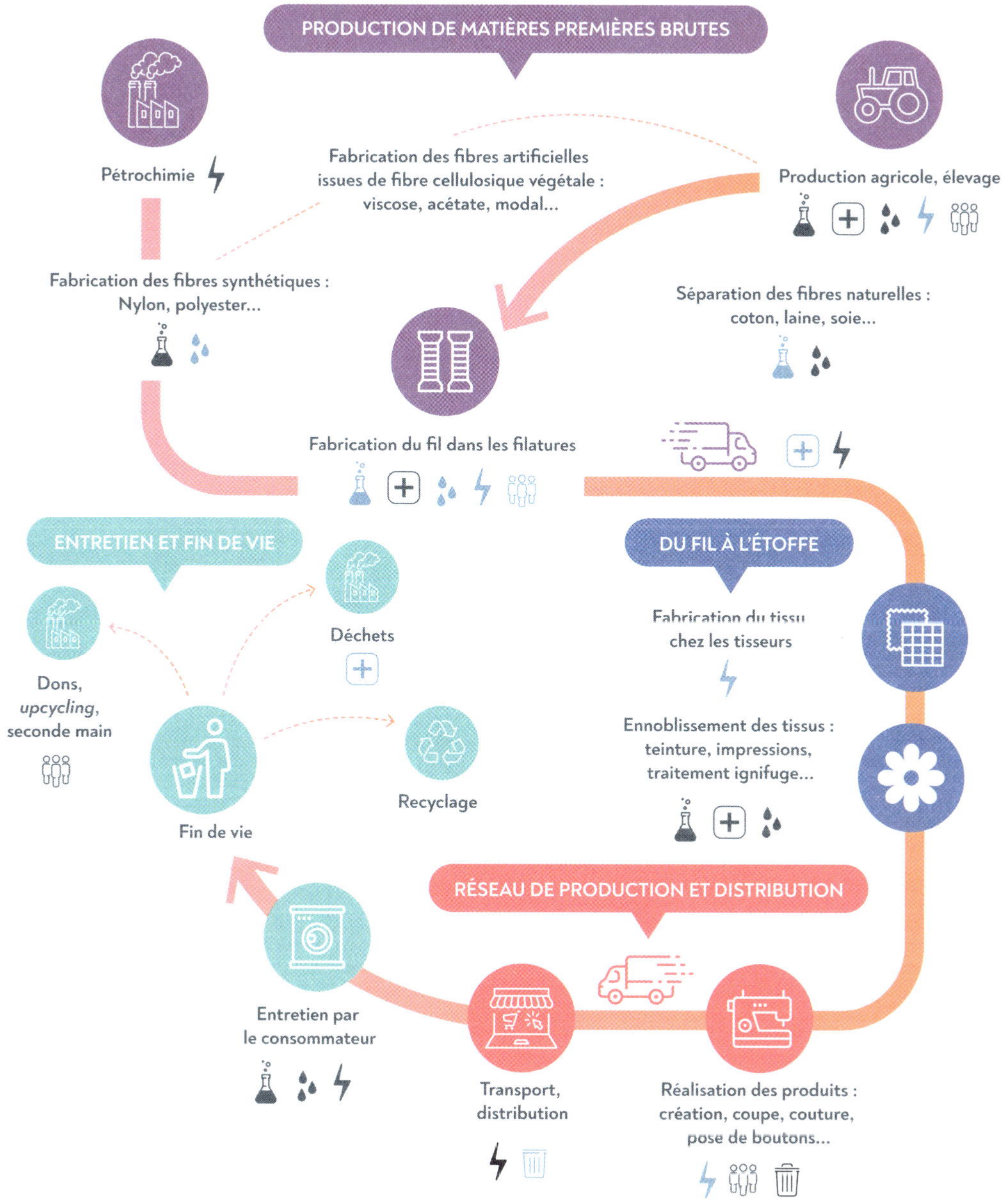

Utilisation de produits chimiques

Enjeux sanitaires

Consommation et pollution de l'eau

Consommation d'énergie et émissions de CO_2

Enjeux sociaux

Déchets solides

Sources :

Ademe : https://www.ademe.fr/sites/default/files/assets/documents/le-revers-de-mon-look.pdf

WWF : http://awsassets.wwfffr.panda.org/downloads/guidewwf2011web1_111019102455_phpapp01.pdf

La culture des fibres végétales naturelles

Coton, lin et chanvre, les fibres végétales naturelles ont dominé le marché de la mode jusqu'à l'arrivée des fibres synthétiques dans les années 60. Le coton reste aujourd'hui la matière première dominante de l'industrie textile : on le retrouve dans 75 % des vêtements produits[3].

Quelques chiffres éclairants sur l'économie du coton :

- Environ 823 kilos de coton sont produits par seconde, soit près de 26 millions de tonnes de coton par an[4].
- Près de 100 millions de familles, dans 70 pays, vivent de la production de coton[5].
- 80 % du coton est produit dans 6 pays : Chine, Inde, États-Unis, Pakistan, Brésil, Ouzbékistan[6].
- 70 % de la récolte mondiale est cueillie à la main[7].

C'est une industrie extrêmement rémunératrice pour les pays producteurs et certaines régions n'hésitent pas à le cultiver en monoculture.

« L'or blanc », un impact environnemental lourd

Cette hégémonie pose cependant plusieurs problèmes. La culture du coton est lourde de conséquences pour les écosystèmes locaux. Le WWF estime qu'il faut 20 000 litres d'eau pour produire un kilogramme de coton, soit un tee-shirt et une paire de jeans[8].

Il s'agit également d'une agriculture très gourmande en intrants chimiques : pesticides, comme engrais. La culture du coton absorberait 16 % des insecticides, et 6,8 % des herbicides mondiaux[9]. Les producteurs se retrouvent en première ligne lorsqu'ils manipulent et pulvérisent ces substances dangereuses. Une fois déposées sur les tiges, elles se retrouvent dans les nappes phréatiques et les cours d'eau, affectant la faune et la flore locales.

Certains pays se sont spécialisés dans la culture de cet « or blanc », sans se préoccuper du fait qu'elle appauvrissait et érodait les sols. Une culture intensive du coton compromet les chances de reconversion des terres agricoles pour la subsistance. Elle aggrave les phénomènes de glissements de terrains, de désertification et d'inondations[10].
La situation des pays d'Asie centrale (Tadjikistan, Ouzbékistan, Turkménistan) en est un triste exemple[11]. Entre la contamination des réseaux fluviaux, la progression du désert et l'assèchement de la mer d'Aral, la culture du coton est qualifiée de « malédiction » par un rapport du *Crisis Group* de 2005.

Les matières d'origine animale

Laine, soie ou cuir, les textiles d'origine animale sont souvent considérés comme des produits nobles, car synonymes de qualité. Ils sont vendus plus chers que ceux composés de fibres végétales ou synthétiques. Malgré cette image positive, l'envers du décor de la production de textile animal, même haut de gamme, pose aujourd'hui question.

Le cachemire

Cette laine très douce et chaude provient d'un unique animal : la chèvre cachemire ou pashmina. Un pull en laine cachemire nécessite en moyenne le duvet de cinq chèvres, c'est un rendement de production peu élevé comparé à celui de la laine classique. La forte demande de cette fibre engendre une production de masse dans une zone géographique concentrée autour de la Chine de l'Ouest, de la Mongolie ou de l'Asie centrale (Iran, Afghanistan, Pakistan). Or, l'élevage de chèvres est très destructeur pour les écosystèmes : la chèvre broute l'herbe jusqu'à la racine et ne laisse pas le temps à la végétation de repousser. Les espaces se désertifient et les terres se stérilisent, soulèvent fréquemment de fortes tempêtes de poussière qui affectent la santé des éleveurs. Dans cette zone géopolitiquement sensible, le gouvernement encourage les éleveurs à se tourner vers cette production très rémunératrice, sans se soucier des effets dévastateurs du surpâturage[12].

« L'écologie c'est la projection dans l'avenir »

Ali Rakib, fondateur de la société ForWeavers, sociologue, anthropologue et conseiller d'entreprise spécialisé en patrimoine immatériel, il accompagne et éduque les marques dans leurs processus de sourcing et d'achat.

Ali Rakib actuellement en phase de validation d'un doctorat d'anthropologie avec pour sujet de thèse : La différence entre un patrimoine immatériel qui disparaît et un patrimoine immatériel qui s'éteint naturellement par l'évolution des techniques et des contextes de vie, défend les richesses des savoir-faire traditionnels.

Ancien conseiller en insertion en banlieue, j'ai plusieurs casquettes : aventurier solitaire, conseiller en entreprenariat culturel, ethnologue, anthropologue. Je parcours les cinq continents pour dénicher des textiles ancestraux, vendus aux plus grandes maisons de luxe. Je suis expert en *sourcing* des textiles du monde et en techniques vernaculaires de production et de façonnage. Je propose des conseils sur le patrimoine ou même sur des solutions RSE (responsabilité sociale des entreprises).

Par le biais de mon entreprise *ForWeavers*, j'identifie les besoins, les risques sociaux et je cherche à donner des solutions à des communautés pour les rendre autonomes dans la production d'artisanat textile. L'objectif principal est de sauvegarder les patrimoines immatériels de l'humanité, en train de disparaître. Nos projets permettent aux tisserands de vivre décemment de leur métier et d'améliorer les conditions de vie de leur village tout en perpétuant les savoir-faire en voie de disparition.

L'aventure *ForWeaver*s a commencé au Népal, en voyant des générations de femmes tisser, vivre et rire ensemble, se transmettant un savoir de génération en génération. Je ne suis pas issu du textile, mon but est de créer de l'emploi. Ma maman était brodeuse et professeure de broderie, orpheline, c'est grâce à cet emploi qu'elle a pu nourrir sa famille.

Aujourd'hui, mes fournisseurs sont les tisserands des quatre coins du monde, réalisant des tissus extraordinaires, souvent classés patrimoine immatériel par l'UNESCO. Avec mon entreprise, je souhaite faire découvrir et rendre accessible des matières d'exception, tant aux jeunes créateurs qu'aux maisons de luxe établies. Je source et édite des matières textiles rares et de haute qualité, d'origines végétales et animales, issues de savoir-faire traditionnels dans le respect de l'environnement. Je propose des biens tels que le tissu de lotus, le tissu de bananier, la laine de chameau de Russie, l'alpaga du Pérou, la laine de vigogne, la laine de bison arctique...

Grâce à mon activité, j'ai créé un projet social porteur de sens. Les missions qui me sont données en tant que consultant sont d'auditer des peuples premiers, à proximité des lieux de production, pour évaluer l'impact de la production de matière première pour des groupes de luxe. Je source mes matériaux en cherchant à améliorer la chaîne d'approvisionnement et en respectant la synergie animal/homme.

À l'origine, le textile est un savoir-faire vital : répondre au besoin de se vêtir et se protéger en utilisant les matières premières que l'on a à proximité. Je cherche ainsi à retrouver ces techniques et ces matières riches de sens et de savoir-faire. Chaque pays, chaque tribu, chaque peuple a sa particularité et il est important de la faire vivre. Le textile a un sens quand il est fait avec savoir et richesse en harmonie avec son environnement et la nature. Les techniques sont différentes, car elles dépendent du matériau, de la fibre et la machine ne fait que reproduire les gestes humains. La relation avec la nature est très forte pour chaque peuple avec un savoir-faire textile. Par exemple, l'indigo est travaillé de façons différentes dans le fin fond de l'extrême Asie ou de l'Afrique de l'Ouest.

Consommer de manière responsable, c'est d'abord acheter ce que tu aimes, mais le plus important, c'est la relation que tu entretiens avec ton textile. Le garder et l'utiliser jusqu'au bout, voilà comment avoir un impact réduit sur l'environnement et respecter l'humain. Porter un vêtement, c'est lui donner une raison d'être porté. Porter un tee-shirt bio pour le jeter 3 mois plus tard, c'est du gaspillage de ressources.

Ma devise serait de sauver les patrimoines universels, pour rencontrer les peuples autochtones, les peuples premiers, les agriculteurs, pour savoir comment ils vivent. Le but : protéger des savoir-faire et co-créer avec eux.

Ali Rakib, fondateur de la société ForWeavers,
sociologue, anthropologue d'entreprise spécialisé en patrimoine immatériel.

Guatemala, village d'Alguacaliente,
Ali Rakib avec Gloria, tisserande guatémaltèque.

Le cuir

Le cuir est un matériau naturel issu d'une peau de bête tannée. Grâce au tannage, les peaux deviennent du cuir : un matériau durable, résistant, imperméable, souple et imputrescible. Les méthodes traditionnelles de tannage sont végétales, elles utilisent des produits d'origine naturelle (écorces, racines ou fruits). Le cuir est fréquemment utilisé pour la bagagerie ou les chaussures.

Il faut savoir que l'industrie du cuir moderne privilégie aujourd'hui le tannage au chrome car il est plus rapide : 24 heures contre 30 jours avec des produits végétaux. Près de 85 % des peaux tannées dans le monde le sont avec des sels de chrome ou d'aluminium[13]. Ce gain de productivité se fait au détriment de la qualité finale du produit et de la préservation de l'environnement. L'annexe XVII de la directive REACH établit des restrictions sur le chrome VI. Les articles en cuir qui entrent en contact avec la peau ne peuvent pas être mis sur le marché s'ils contiennent du chrome VI dans des concentrations égales ou supérieures à 3 mg/kg de poids sec total du cuir[14].
Enfin, il faut mentionner que l'industrie du cuir n'est pas exempte de scandales de maltraitance animale. L'association L214 a diffusé des images d'animaux violentés en étant conduits à l'abattoir.

La laine

La laine est un matériau d'origine animale qui est constitué de fibres kératiniques, principalement d'ovins et utilisé dans la production textile, notamment pour ses capacités d'isolant thermique.
Moins connue la pratique du *mulesing* pose aussi question. Elle consiste à découper d'importants morceaux de peau de l'arrière-train des agneaux pour contrôler les maladies. Le processus est évidemment très douloureux pour l'animal, sans que son efficacité soit prouvée[15].

Transformation chimique pour les fibres synthétiques (polyester)

Depuis les années 60, les fibres non naturelles se sont imposées dans nos garde-robes. Polyester, Nylon, acrylique, Skaï (simili-cuir) ou élasthanne sont les fibres synthétiques plus couramment utilisés. Les fibres artificielles comme la viscose, le modal et le Lyocell apparaissent plus tard.

Leur succès vient de leurs propriétés : elles sont peu chères, faciles d'entretien (sèchent rapidement, peu froissables, faciles à détacher), résistantes et confortables. Elles sont également les reines des textiles techniques (polaire, Gore-Tex®).

Leur principal inconvénient vient de leur processus de fabrication. Les fibres synthétiques sont obtenues à partir de la transformation du pétrole via un processus très demandeur en énergie, en eau et en additifs chimiques.

On estime par exemple en moyenne[16] :

- À 200 000 litres la consommation d'eau pour la fabrication d'une tonne d'articles textiles synthétiques.
- À 1,5 kg la consommation de pétrole pour fabriquer 1 kg de polyester.

Fibres artificielles et bio-matières

Les fibres artificielles sont issues d'une transformation de matières naturelles comme la cellulose de bois, notamment de l'eucalyptus pour le Lyocell. Elles étaient, au départ, appelées soie artificielle, car elles imitaient le moiré de cette étoffe. Elles sont connues d'abord sous le nom de Rayonne et Fibranne, puis de viscose.
Leur production peut être plus respectueuse de l'environnement, lorsque les forêts sources sont gérées de manière responsable et que les solvants utilisés sont peu toxiques[17]. Le cas du bambou est symptomatique de l'ambivalence de cette filière[18]. Dans beaucoup de cas, le bambou peut être certifié biologique et issu de forêt bien gérées, mais ses fibres seront mélangées à d'autres, synthétiques, pour obtenir de meilleures performances. De plus, le procédé de fabrication de la viscose est peu respectueux de l'environnement. Le textile est d'origine naturelle, mais son bilan écologique est lourd.

On peut aussi mentionner les simili-cuirs végétaux, à base d'ananas (le Piñatex) ou le cuir d'algue. Leur production est encore anecdotique, mais les grandes marques commencent à s'y intéresser. En effet, leur tannage ne nécessite pas de traitement chimique, et leurs matières premières sont faciles à sourcer.

Cependant, le *coating* (la couche de protection) du Piñatex n'est pour le moment pas biodégradable, des recherches sont en cours pour lui conférer cette fonction.
Par ailleurs, parmi les matières *vegan*, certaines sont fabriquées à partir de pétrole et ne sont pas forcément résistantes...

Enfin, les bio-matières ont récemment fait une entrée remarquée dans le domaine des innovations textiles. Suzanne Lee est devenue la première « bio-couturière » à cultiver ses textiles à partir de micro-organismes vivants (en l'occurrence le champignon de kombucha)[19]. Si ses créations restent encore des prototypes, elle a ouvert la voie à des dizaines de *start-ups* dans le domaine des bio-textiles.

FOCUS

Les micro-plastiques

Les micro-plastiques sont de toutes petites particules (moins de 5 mm) de matière plastique que l'on retrouve dispersées dans l'environnement, surtout les milieux marins. De plus en plus de scientifiques et d'ONG tirent la sonnette d'alarme car on en retrouve également dans notre chaîne alimentaire. Greenpeace a notamment mené des recherches en Antarctique avec des résultats alarmants en matière de contamination[20]. Ces micro-éléments sont tellement petits qu'il est impossible de les récupérer dans la nature.

D'où viennent-ils ? Principalement de l'industrie cosmétique et textile. Il s'agit de fibres synthétiques, mais aussi de fibres naturelles supposées être biodégradables. Elles ne se désagrègent plus en raison des nombreux traitements chimiques qui leur ont été appliqués pour leur donner des propriétés particulières (anti-déperlant, repassage facile, etc.). Par exemple, les finitions mécaniques apportées aux tissus pour faire sortir la fibre, comme pour le polaire, l'endommagent et facilitent sa désagrégation en micro-particules. Les paillettes qui chatoient sur nos tenues sont également des micro-plastiques[21]. Elles sont produites à partir d'un alliage d'aluminium et de PET (polyéthylène téréphtalate) qui ne se dégrade pas et se retrouve le plus souvent au fond des océans[22].

À compter de 2025, les fabricants de machine à laver devront intégrer des filtres permettant de récupérer les particules de micro-plastiques.

Un souffle d'inspiration textile…

Caroline Lejamble, fondatrice de Greeny Bird Dress et consultante en sourcing matières.

Caroline Lejamble est la fondatrice de Greeny Bird Dress, un cabinet de sourcing en matières alternatives et innovantes. Son objectif est d'aider les marques et enseignes de mode à accélérer leur transition écologique par la matière.

J'interviens auprès de grandes enseignes et auprès de maisons de luxe qui souhaiteraient intégrer les matériaux du futur. J'organise par ailleurs des *workshops* en développement matière ou textile, sur une thématique caractéristique comme le biodégradable, par exemple. J'écris de nombreux articles sur Greenybirddress.fr en vue de présenter et promouvoir de nouvelles matières.

Depuis toujours, le ***sourcing* éthique est un facteur de différenciation possible** qui est l'un des éléments du « contrat de base » en matière de consommation. Tout le travail de Greeny Bird Dress consiste à trouver, grâce aux compétences de *sourcing*, des textiles et matériaux qui vont permettre aux créateurs de concevoir une mode plus juste pour tous, en **prenant en compte les critères environnementaux, sociaux et en mettant à l'honneur aussi bien le *design* de leurs produits, que leurs composants et leurs réalisations.**

Fabrication du tissu, ennoblissement et confection

Quand la chimie rencontre le tissu

La fabrication du tissu est une étape centrale dans la production textile, dont les impacts sociaux ont longtemps été négligés. Schématiquement, après la filature, on assemble les fils par le tissage, le tricotage ou un autre processus de non-tissé. Le produit fini est ensuite ennobli : on le traite pour lui donner des caractéristiques particulières (teinture, blanchissage, thermo-fixant, impression, grattage, entre autres).

L'ennoblissement est notamment pointé du doigt pour son utilisation de procédés chimiques nocifs pour la santé et les écosystèmes, ou sa surconsommation d'eau. L'Union européenne réglemente strictement l'utilisation de produits chimiques pour le traitement des tissus : la directive REACH donne une liste des produits chimiques interdits et donne les taux autorisés de ces substances. Les sous-traitants hors Union européenne les ignorent souvent, par négligence ou souci de rentabilité. Travailleurs et consommateurs finaux sont directement mis en danger par ces substances et procédés dangereux.

On peut par exemple citer l'emploi des composés chimiques de la famille des nonylphénols[23]. Ces substances sont utilisées comme tensioactifs par l'industrie textile pour accélérer et faciliter le traitement des tissus. Considérés comme des perturbateurs endocriniens, ils sont toxiques, bioaccumulables et se dégradent très mal dans l'environnement. En raison de leur dangerosité, les nonylphénols font l'objet de restrictions dans de nombreuses régions du monde. Ils figurent dans la liste des substances nécessitant une action prioritaire définie par la Convention for the Protection of the Marine Environment of the North-East Atlantic (OSPAR), réunissant quinze gouvernements et l'Union européenne afin de coopérer pour protéger l'environnement marin de l'Atlantique du Nord-Est. Depuis 2001, l'Union européenne a classé le NP en tant que « substance dangereuse prioritaire ». Ainsi, la mise sur le marché de produits contenant plus de 0,1 % de NP et de NPE sera interdite au sein de l'Union européenne à partir de 2021[24]. Depuis peu, la Chine restreint l'importation et l'exportation du NP et des NPE, mais leur fabrication, leur utilisation et leur rejet dans l'environnement ne font encore l'objet d'aucune réglementation dans ce pays. Une étude de Greenpeace publiée en 2011 (Dirty Laundry 2) a montré que sur 78 pièces textiles de grandes marques, 52 portaient des traces de NPE supérieures à la limite autorisée[25].

Le formaldéhyde pose aussi question. Classé dans les « substances cancérogènes avérées pour l'homme » par le Centre international de recherche sur le cancer (CIRC). Il est présent dans de nombreux vêtements synthétiques. Très volatile, il provoque des irritations des yeux et des voies respiratoires, et développe le risque de pathologies asthmatiques et de sensibilisations allergiques, même à faible dose[26].
Pour passer les contrôles des pays les plus stricts, les usines lavent les matières jusqu'à ce qu'elles arrivent au taux autorisé. Outre le gaspillage d'eau, cela provoque une pollution localisée très forte autour des manufactures.

Si le sujet vous intéresse, des organisations telles que Zero Discharge of Hazardous Chemicals (ZDHC)[27] proposent une information claire et détaillée sur les produits dangereux utilisés dans l'industrie en général.

Cycle de vie d'un produit textile et ses impacts

Anne Peruuelz, professeur des universités, ENSAIT, Laboratoire GEMTEX, Roubaix.

Anne Perwuelz est enseignante et chercheuse passionnée dans le génie des procédés textiles. Après avoir occupé des fonctions d'ingénieure de recherche en entreprise, elle rejoint l'école d'ingénieur textile ENSAIT. Par ses activités de recherche, elle prend conscience des impacts sur l'environnement des procédés et des matières textiles. Aujourd'hui, elle focalise ses études et son enseignement sur l'écoconception et les stratégies pour rendre le textile plus durable.

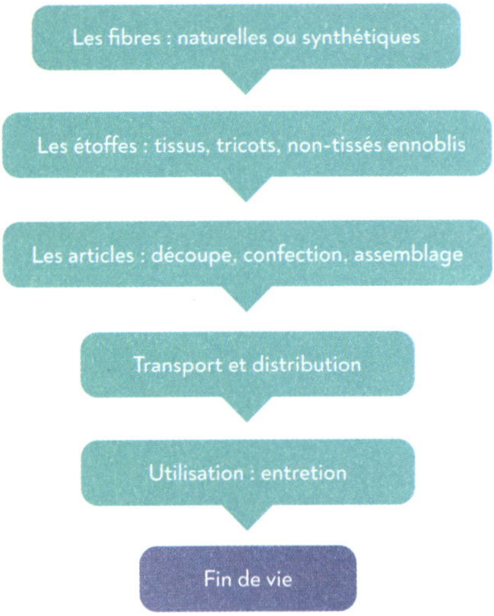

Schéma 1 : Cycle de vie d'un vêtement.

Tout au long de sa vie, notre vêtement a des impacts sur l'environnement. L'analyse du cycle de vie, ACV, permet de les identifier et de les quantifier. Pour cela, à chaque étape du cycle de vie, on fait un inventaire de tout ce qui est nécessaire à la « vie » du produit (énergie, eau, ressources...), et de tout ce que cela va générer comme impacts sur la planète : pollution de l'eau, de l'air, des sols, épuisement des ressources, réchauffement climatique, etc. C'est donc une analyse à multi-étapes (du produit) et multi-critères (environnementaux). Elle est régie par une norme internationale (ISO 14040 à 14043).

Pour la plupart des vêtements il y a cinq étapes : la culture ou la fabrication des fibres, la production des étoffes, la réalisation du vêtement lui-même, le transport avec le stockage et la distribution, l'utilisation incluant les opérations d'entretien et la fin de vie.

Prenons l'exemple d'une chemise en coton, fabriquée en Inde, distribuée et utilisée en France puis mise dans les ordures ménagères. Si on connaît exactement son processus de fabrication, et si on suppose qu'elle est portée et entretenue 30 fois (lavage, séchage, repassage), l'ACV permet de quantifier l'impact sur le réchauffement climatique de chaque étape (schéma 2). On voit par exemple que l'étape de confection a un faible impact alors que la fabrication du tissu et l'entretien ménager sont très impactants.

Comme c'est une analyse multicritère, l'ACV donne cette information sur d'autres impacts, comme par exemple l'épuisement des ressources, la consommation d'eau ou la diminution de la couche d'ozone (schéma 3). On voit ici que la consommation d'eau est presque exclusivement liée à la culture du coton alors que la diminution de la couche d'ozone concerne plutôt le transport et le consommateur.

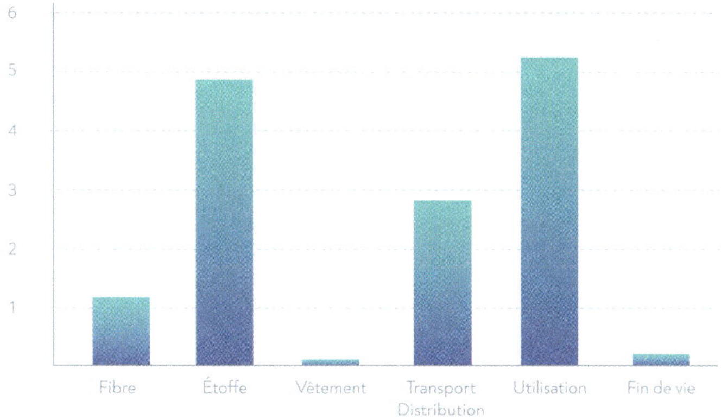

Schéma 2 : Potentiel impact d'une chemise sur le réchauffement climatique (en kg/CO_2).

Ces analyses permettent de quantifier les impacts et sont à la base de l'affichage environnemental qui pourrait concerner le textile prochainement. Elles sont aussi très importantes pour l'écoconception des vêtements : que se passe-t-il si on change une étape du cycle de vie ? Par exemple la teinture ou bien les conditions d'entretien ? Si on change la nature de la fibre, par exemple le polyester à la place du coton, la consommation d'eau pour fabriquer les fibres va fortement baisser, mais d'autres impacts sont plus élevés : l'épuisement des ressources naturelles ou la forte consommation d'énergie, par exemple.

Cette analyse du cycle de vie permet de faire des choix entre différents scénarios, en comparant les valeurs des impacts. Son usage dans le textile est limité, car il est très difficile de maîtriser toute la chaîne d'approvisionnement et qu'il y a donc souvent des approximations sur les procédés, les matières et les énergies tout au long de la vie des vêtements.

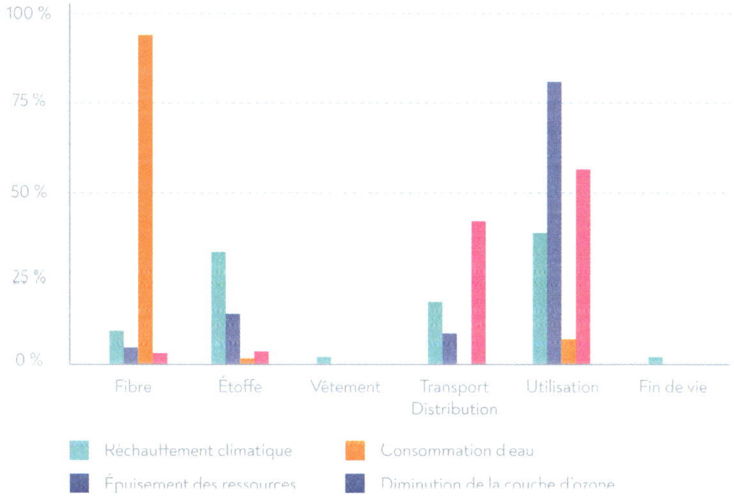

Schéma 3 : Impacts de la vie d'une chemise.

Une gestion plus responsable des produits chimiques

Valentin Jully est ingénieur en produits chimiques textiles, avec une forte expérience internationale, sensible aux projets sociaux et environnementaux, également activiste et grand baroudeur, il aime s'immerger dans les cultures. Il travaille aujourd'hui avec une fondation pour participer à la transition de l'industrie textile vers une vision plus durable.

L'industrie textile, à l'instar de nombreuses autres industries, est principalement basée sur la transformation de matières premières obtenues directement ou indirectement grâce à l'utilisation de combustibles fossiles.

Que ce soit pour la production des fibres synthétiques, l'utilisation de pesticides sur les champs de coton, la teinture et les nombreux traitements chimiques subis par les fibres avant la mise en vente, ou lors du transport des vêtements entre lieux de production et de vente, tout cela est possible grâce à l'utilisation des dérivés chimiques du pétrole. On conjugue ensuite cela à un *business model* basé principalement sur la vente en masse de produits neufs, en multipliant les arrivages et en diminuant les prix. Tout cela afin de satisfaire un objectif de croissance infinie des bénéfices de l'entreprise.

Comme c'est expliqué dans ce guide, tout cela n'est pas sans conséquences sur les humains et l'environnement.

Lors de mes études d'ingénieur spécialisé dans les industries textiles, je fus particulièrement marqué par l'absence de la question environnementale et sociale. D'un côté, les grandes ONG nous suppliaient de changer nos modes de consommation alors que de l'autre, mes études m'amenaient à tout faire pour m'adapter aux futurs besoins de l'industrie et des grandes entreprises sans poser de questions.

Pour pallier ce manque de sens, j'ai eu la chance de faire mon projet de fin d'études, stage de six mois clôturant le cursus ingénieur, en Asie du Sud-Est. Je me suis rendu au Bangladesh, en Chine et au Cambodge afin de visiter des usines de production textiles de grandes marques occidentales et d'y suivre des auditeurs sociaux (personnes évaluant une usine par rapport aux critères d'une certification sociale).

Lors de mes visites d'usines en 2017, les conditions de travail étaient loin de la description que j'avais pu lire dans des articles militants avant mon départ. La pression des associations et la prise de conscience des consommateurs ont eu un fort impact sur l'évolution des conditions de travail sur place. Il s'agit de travail à la chaîne, certes, mais proche de ce que j'ai pu voir dans d'autres usines de production textile en France.

L'aspect social de l'industrie textile semble être aujourd'hui dans une impasse : après une rapide amélioration avec les premières initiatives, on a désormais tendance à stagner. Les gérants d'usine préfèrent falsifier des documents plutôt que de mettre en place les mesures nécessaires. Les torts sont souvent partagés, cela est autant dû à la corruption des dirigeants d'usine[28] qu'au paradoxe des politiques d'achat des marques, qui tirent les prix vers le bas pendant que les exigences sociales et environnementales augmentent.
Enfin, alors que la composante sociale était au cœur des préoccupations, l'aspect environnemental était lui négligé. Les marques ont mis en place des audits sociaux depuis de nombreuses années, mais les audits environnementaux peinent à décoller, et rares sont les marques qui ont commencé à s'attaquer au sujet. J'ai en effet vu des fleuves sans vie teintés des couleurs de la mode du moment, où des femmes plantent du riz dans les eaux usées d'usines n'ayant pas de station de traitement. Heureusement, je sais que les choses ont beaucoup évolué depuis.

Fort de ce dernier constat, à la fin de mes études, j'ai choisi de privilégier l'aspect environnemental de l'industrie textile. Quand on parle d'environnement dans le monde du textile, on parle souvent de chimie[29]. Au même titre que les audits sociaux mettent l'accent sur les usines de confection, là où la majeure partie de la main-d'œuvre se trouve, les audits environnementaux se concentrent sur les usines de teinture et de blanchisserie, principales consommatrices d'eau et de produits chimiques. Ces derniers servent à donner leurs caractéristiques aux vêtements, leur couleur, leur capacité à sécher vite, absorber la sueur, déperler[30] et bien d'autres.

La principale méthode de diminution de l'impact environnemental, mise en avant par les marques, est aujourd'hui la substitution de produits chimiques par d'autres substances moins nocives, ou par des techniques n'utilisant pas de produits chimiques comme les délavages de jeans faits à l'aide de lasers. Afin d'assurer un suivi, les usines partenaires communiquent leur liste de produits chimiques sur site, ainsi que l'analyse par un tiers de la composition chimique des eaux usées. Cela permet de vérifier le respect des engagements. Aujourd'hui, en 2019, de nombreuses grandes marques ont érigé le sujet comme un pilier principal de leur politique de responsabilité sociale et environnementale (RSE) et les choses bougent rapidement sur le terrain.

Malheureusement, malgré tout ce qui peut être mis en place pour la diminution de l'impact environnemental, le problème principal de l'industrie reste selon moi la surproduction. Acheter un tee-shirt dont on n'a pas besoin, même s'il est en coton bio, constitue une production – et donc une pollution – non nécessaire. En effet, de nombreuses marques investissent dans le développement durable non pas par conviction, mais afin de contourner le vrai problème en disant : « Nous voulons nous assurer que nos clients comprennent qu'ils agissent pour la planète en achetant chez nous »[31]. Comprenez ici : « Continuez à acheter autant, mais venez acheter chez nous plutôt que chez le voisin, parce que nous faisons les choses moins pire. » Ainsi les marques, notamment proposant de nombreux articles à bas prix, se servent de leurs engagements environnementaux comme une caution qui leur permet de continuer le *business model* moribond de la *fast fashion* tout en arborant une image verte.

Pour résumer mon point de vue, qui n'engage que moi, je pense qu'il faut bien entendu privilégier les marques qui montrent un engagement sérieux en termes d'environnement lorsqu'on a besoin de se procurer un vêtement. Cependant, il faut avant tout s'assurer de ne pas acheter un produit dont on n'a pas besoin, car toute production, aussi certifiée soit-elle, reste une pollution.

Valentin, ingénieur produits chimiques textiles.

La gestion des produits chimiques dans les usines

Francesca Giometti, responsable formations pour les usines textiles de la société AQM Eurofins, accompagne les usines dans la sécurisation de leurs chaînes d'approvisionnement.
La société AQM Eurofins leur fournit des solutions pour une meilleure gestion d'inspection des produits, des tests des produits en laboratoire, des audits sociaux et environnementaux et de la formation en usine.

Mon métier consiste à proposer des formations adaptées aux usines textiles pour qu'elles puissent réduire leur impact environnemental et s'améliorer sur la gestion de ces sujets : système de management environnemental, gestion de l'eau, gestion des produits chimiques, gestion des déchets, etc.

Je travaille en particulier avec les usines textiles avec procédés par voie humide[32], comme les usines de teinture et les usines de traitement du denim, car il s'agit des usines qui sont potentiellement les plus polluantes. Les tanneries sont aussi une typologie d'usines à risque. En effet, ce type d'usines utilise des quantités d'eau et de produits chimiques très importantes. Nous pouvons aussi citer les usines d'accessoires et de tout type de produits nécessitant un revêtement métallique travaillé (*electroplating* en anglais).

Les eaux usées du textile sont particulièrement polluées et la diversité des polluants présents dans ces eaux est telle que son traitement en devient d'autant plus compliqué.
Les produits chimiques, la gestion des déchets, les émissions de gaz à effet de serre sont d'autres sujets critiques pour cette industrie.

Le but est d'accompagner les fournisseurs sur ces problématiques environnementales, via les formations, entre autres, car ils ne savent pas toujours comment procéder pour améliorer leurs pratiques. Il s'agit surtout de les informer et de leur présenter des solutions concrètes pour des améliorations réelles et réalistes. En effet, je m'appuie sur ce que j'ai appris en visitant les usines au Bangladesh, en Inde, en Chine, au Cambodge, en Turquie et au Maroc. Pour avoir un impact positif, une formation doit présenter des cas réellement observés dans des usines qui sont similaires à celles où travaillent les personnes que nous formons.

Parmi nos formations, nous proposons souvent celle sur la gestion des produits chimiques, car il s'agit de l'un des enjeux les plus critiques pour l'industrie du textile et du cuir.
25 % des substances chimiques produites dans le monde sont utilisées par la filière textile[33].
Certains produits chimiques utilisés dans les usines textiles sont :

- cancérigènes, mutagènes et toxiques pour la reproduction,
- perturbateurs endocriniens reconnus,
- persistants dans l'environnement et bio-accumulants.

Dans de nombreuses usines textiles, il y a un manque de prise de conscience de la dangerosité de certains produits chimiques et un manque de cadre réglementaire pour limiter ou au moins mieux contrôler l'utilisation de ces produits chimiques aux propriétés extrêmement préoccupantes d'un point de vue environnemental et sanitaire.

Bien qu'il existe en Europe une législation REACH pour limiter le seuil de résidus de substances chimiques dangereuses acceptés dans les produits finis, il n'y a pas d'équivalent réglementaire pour contrôler les produits chimiques utilisés en usine à l'autre bout du monde. Cela veut dire qu'une substance dangereuse peut ne pas être présente dans le produit fini – qui est donc accepté à la vente en Europe — même si ce produit dangereux a bien été utilisé dans l'usine et, à défaut d'être resté sur le produit fini, s'est retrouvé dans les eaux usées déversées par l'usine (et parfois non traitées)... La substance se retrouve donc dans l'environnement où elle ne s'arrêtera pas aux frontières du pays comme l'Inde ou la Chine, mais voyagera bien au-delà. Le WWF a retrouvé certains résidus de produits chimiques utilisés dans l'industrie textile dans un échantillon de peau d'ours polaire !

Nous expliquons donc aux usines comment procéder pour collecter les infos et connaître les risques liés aux produits chimiques, mettre en place de bonnes pratiques de stockage et de manipulation des produits et mettre en place un plan d'action pour progressivement remplacer les produits chimiques contenant des substances dangereuses par des produits moins nocifs à utiliser dans leurs procédés de fabrication textile.

En effet, l'industrie chimique travaille de plus en plus à la recherche de produits chimiques alternatifs qui seraient moins nocifs que ceux actuellement répandus sur le marché. Des entreprises de produits chimiques proposent des *positive lists* ; c'est-à-dire des listes de produits chimiques conformes aux listes de substances interdites publiées par des organisations telles que ZDHC (Zero Discharge of Hazardous Chemicals). Celle-ci représente l'industrie textile et du cuir concernant le sujet des substances chimiques dangereuses à bannir de cette industrie. S'il existe des alternatives pour de nombreux produits chimiques nocifs, cela reste compliqué pour les usines de connaître ces alternatives et de réussir à s'approvisionner, d'accepter de changer leurs habitudes, leurs fournisseurs de produits chimiques et de faire comprendre aux clients (les marques) qu'ils ne pourront pas toujours avoir le même rendu du produit fini si des

produits chimiques aux propriétés différentes sont utilisés dans la production.
Par exemple, les imprimés sur les tee-shirts. Afin d'avoir un imprimé qui tienne bien sur le tissu et qui dure dans le temps sans se craqueler, il faut utiliser, entre autres, des produits d'adhésion de la couleur contenant des phtalates. Or, certains phtalates sont classés comme substances cancérogènes. Des tests dans des usines où les phtalates avaient été supprimés ont mis en évidence que l'imprimé sur le produit fini n'avait pas toujours un rendu aussi satisfaisant pour le client, contrairement au résultat obtenu en utilisant le process classique contenant les phtalates... Les enseignes textiles doivent donc aussi faire des choix en connaissance de cause et se rendre compte des limites qu'impose une mode plus responsable.

Un autre exemple bien connu est celui du jean délavé et partiellement « détruit ». Pour le délavage du jean, de nombreuses usines utilisent du permanganate de potassium qui est vaporisé manuellement par les travailleurs sur les jeans. Or, ce produit chimique dangereux peut causer des problèmes respiratoires. Ce produit peut aussi avoir un impact sur le foie et les reins. Très souvent les ouvriers assignés à cette tâche ne portent qu'un masque en tissu et non un masque respiratoire avec filtre. Ils ne sont donc pas protégés.

L'expérience terrain sur plusieurs années, quel que soit le pays, m'a convaincue de l'inefficacité de continuer à juste demander aux usines d'imposer aux travailleurs de porter des masques. Ça ne marche pas : soit les masques ne sont pas adaptés, soit ils n'ont pas les filtres adéquats, soit les travailleurs ne les portent qu'occasionnellement, etc. Imposer un équipement de protection à un travailleur doit être la dernière solution envisagée puisque la plus importante et efficace est celle qui consiste à supprimer le problème à la source. Dans le cas du permanganate de potassium, il faudrait donc que l'usine cesse d'avoir recours à ce procédé pour le délavage des jeans et favorise des alternatives moins dangereuses pour les ouvriers et l'environnement. Ces alternatives existent comme, par exemple, le lavage du jean à l'ozone ou l'utilisation du laser. Une autre solution est encore, du côté de l'enseigne textile, de faire le choix de ne plus vendre des jeans entièrement délavés. Ce choix pourrait s'accompagner d'une communication en magasin auprès du consommateur sur l'impact potentiel du délavage du jean sur la santé des ouvriers et l'environnement.

Cette communication en magasin me paraît d'autant plus importante que malheureusement l'histoire d'un vêtement n'est pas écrite sur son étiquette. Il est d'ailleurs difficile de se baser uniquement sur le pays de fabrication pour juger des conditions de travail et de l'impact environnemental de l'usine où le produit a été assemblé.

Lorsque je suis revenue en France après 4 ans et demi au Bangladesh et que je mentionnais mon passage dans ce pays, de nombreuses personnes me disaient : « Je n'achète pas un vêtement s'il est écrit sur l'étiquette « *Made in Bangladesh* ». Les reportages ciblent souvent le Bangladesh pour parler des conditions de travail dans les usines pour ne malheureusement montrer que ce qui ne va pas. Pourtant, ce pays comprend tous types d'usines : de la plus rudimentaire et dangereuse à la plus moderne et en conformité avec les exigences sociales et environnementales, comme en Chine et en Inde. Certes, cela ne fait pas l'affaire du consommateur qui préfère avoir bonne conscience en n'achetant pas le « *Made in Bangladesh* », mais la réalité est plus complexe. La marque doit jouer un rôle clé en informant ses clients sur les choix qu'elle fait en matière d'approvisionnement. Pourquoi ne pas imaginer que le magasin de mode de demain soit celui où le client ne vient pas uniquement acheter, mais écouter une histoire sur l'origine de ses vêtements ? Pourquoi ne pas imaginer que l'on puisse recréer un climat de confiance entre le consommateur et la marque ? C'est à cette dernière de proposer des informations factuelles à partager : ses critères de choix des usines, la vérification que les usines respectent ces critères sur le long terme, l'optimisation de la marque de son parc fournisseurs pour travailler avec moins d'usines, mais mieux, le choix des matières premières, etc.

Bien qu'il puisse y avoir des « bonnes » et des « mauvaises » usines dans le même pays, il y a bien sûr des indicateurs propres au pays dont il faut tenir compte, comme la réglementation. Dans le cadre de la protection de l'environnement, de nombreux pays de production textile sont très en retard sur la réglementation environnementale. S'ils veulent tous montrer qu'ils ont l'intention de prendre des mesures radicales pour protéger l'environnement de l'impact de la production industrielle, il y a encore un décalage important entre la promulgation de nouvelles lois et leurs mises en application. Il peut y avoir aussi un manque de contrôles, un manque de personnel, des problèmes de corruption, etc.

Si la loi est enfin bien mise en application, c'est souvent qu'un point de non-retour a été atteint. On peut citer le cas d'une région en Inde où les usines ont l'obligation d'installer un système de recyclage des eaux usées en raison d'une pénurie d'eau dans la région.

Si les lois sont trop faibles pour protéger l'environnement et les ouvriers dans certains pays, il faut reconnaître que des enseignes textiles très présentes dans ces pays essaient de compenser ces faiblesses en mettant en place des standards pour les conditions de travail et le contrôle des impacts environnementaux que les usines doivent respecter. Le succès de ces programmes dépend de nombreux facteurs : la qualité de la relation et du partenariat entre l'usine et l'acheteur, la présence sur le terrain de l'acheteur autant que possible qui doit voir où il produit et ne pas se cacher derrière de nombreux intermédiaires, la volonté de savoir ce qu'il se passe dans une usine, ce qu'implique un coût d'achat proposé par une usine bien inférieur à la moyenne (concessions sur les salaires, arrêt de la station d'épuration, etc.).

Voici quelques conseils que je peux partager en tant que consommatrice :
- Acheter moins,
- Acheter des vêtements de qualité qui dureront plus longtemps,
- Se renseigner sur les marques avant d'acheter (parcourir leur site internet et leur poser des questions !),
- Vendre ou donner les vêtements qu'on ne met plus.

Francesca Giometti, responsable formations sociales et environnementales pour les usines textiles.

FOCUS

L'accident du Rana Plaza

Cette catastrophe doit être évoquée tant elle a marqué les esprits. Le 24 avril 2013, le complexe d'usines du Rana Plaza s'effondre au Bangladesh, tuant près de 1 135 ouvriers de l'habillement. Le Rana Plaza était un immeuble servant d'usine de textile. Il se composait de 8 étages, dont 3 n'avaient jamais reçu de permis de construire. Un 9e était même en construction. L'édifice était en mauvais état et mal entretenu. À l'intérieur, les ateliers industriels utilisaient des machines lourdes, et le nombre d'ouvriers (estimé à 5 000 ouvriers, en majorité des femmes et des enfants de moins de 16 ans) n'était pas contrôlé. L'effondrement laissera également des milliers de blessés, pour certains handicapés à vie.

Pour la première fois, une lumière crue était jetée sur les conditions de production des vêtements des grandes marques occidentales. Des noms furent publiquement mentionnés suscitant l'indignation des consommateurs. L'accident a poussé les autorités à prendre des mesures de sécurité et à renforcer ses contrôles dans le reste du pays. Néanmoins, les commandes ont vite repris et les associations locales constatent peu d'amélioration dans les conditions de travail des ouvriers.

Les hommes et les femmes de l'industrie du textile

La confection est une industrie très intensive en main-d'œuvre. Il est aujourd'hui difficile d'estimer combien de personnes elle emploie dans le monde. Une grande part de la confection appartient encore à l'économie informelle et échappe à toute statistique. Clean Clothes Campaign[34] avançait un chiffre de 60 à 75 millions de travailleurs en 2014, en forte augmentation depuis le début des années 2000. On peut aujourd'hui légitimement penser que ce chiffre dépasse de loin les 100 millions. L'industrie reste très féminisée avec plus de trois quart d'ouvrières.

Si on imagine souvent d'immenses ateliers en Chine (le fameux « *Made in China* »), il faut savoir que la production s'est réellement internationalisée. L'Empire du Milieu reste le principal exportateur mondial, mais de nouveaux acteurs se sont imposés en Asie du Sud-Est et en Afrique. Les gouvernements des pays émergents ont rapidement compris l'intérêt d'attirer des ateliers, et leurs capitaux.

Or, être attractif signifie souvent être moins cher. Une étude du Center for Business and Human Rights illustre les dérives de la *fast fashion* en Éthiopie. Pour attirer les investisseurs, le gouvernement y a instauré le salaire minimum le plus bas au monde : 26 US dollars par mois. Cette somme ne permet pas aux travailleurs locaux, souvent de jeunes femmes issues de milieux pauvres, de faire vivre décemment leurs familles[35]. Un salaire décent permet à un ouvrier de se nourrir correctement, de payer ses soins de santé, son transport, les frais d'éducation s'il a des enfants, ses vêtements, de se loger décemment, et d'épargner afin de faire des provisions en cas d'imprévu. Aujourd'hui, les salaires minimums des pays de production ne suffisent pas pour combler tous ces postes de dépenses. Fin 2018, le deuxième plus gros exportateur de textile, le Bangladesh, avait augmenté le salaire minimum de 36 à 64 US dollars, un gain misérable que les syndicats de la profession ont qualifié de « blague cruelle » ou de « gifle en pleine face »[36].

Comme le montrent les rapports successifs de Human Right Watch, il existe encore de nombreuses preuves de très graves abus dans les usines de nombreux pays. Prenons l'exemple du Pakistan, où la confection est la plus importante activité en termes de PIB (8,5 %)[37]. Le Pakistan est le 8e exportateur de textile en Asie. Human Right Watch relève que le pays ne compte que 547 inspecteurs du travail pour superviser les 300 000 usines officiellement installées. Autant dire que l'industrie textile n'est pas contrôlée. Les faux certificats de conformité sont légion. Les femmes y sont les plus vulnérables car elles travaillent de chez elles ou dans de petits ateliers locaux. Sans contrat, souvent payées à la pièce, elles restent invisibles à toute éventuelle législation de protection[38].

Absences de cadre légal, horaires interminables, harcèlement sexuel, absence de conditions d'hygiène et de sécurité[39], la liste est trop longue pour continuer à l'ignorer. L'industrie textile tue, blesse, asservit, encore aujourd'hui. Des initiatives de transparence[40] laissent entrevoir un espoir d'amélioration des conditions de travail pour ces forçats du textile. Les choses bougent, notamment sous la pression des consommateurs.

Achat et consommation finale

Longtemps caché sous le *marketing* pailleté des grandes enseignes, l'impact environnemental et social de l'industrie textile commence à être mieux connu. Des images de rivières chinoises colorées en rouge ou de montagnes de rebuts en Inde ont fait le tour du monde. Les consommateurs ont progressivement découvert que leurs achats étaient loin d'être neutres.

Prêt à porter ?

Après une séance de *shopping*, on est souvent pressé de porter ses nouveaux achats. On oublie souvent que le processus de production de ses nouveaux vêtements a laissé de nombreux produits indésirables au cœur des fibres. Pesticides, allergènes, colorants, parfums, métaux lourds, sont autant de substances chimiques qui se retrouvent au contact direct de la peau. Ils provoquent des irritations, des inflammations, voire des allergies.
En juin 2017, American Airline a annulé son contrat avec son fournisseur d'uniformes suite à de nombreuses réactions allergiques des personnels navigants[41]. En juillet de la même année, Primark a rappelé des sandales pour homme après y avoir trouvé du chrysène, un composé chimique cancérigène avéré[42].
Les pouvoirs publics commencent tout juste à prendre la mesure de l'impact sanitaire de ces molécules mal connues. En 2018, l'Agence nationale de sécurité sanitaire (Anses) a proposé à l'Union européenne de légiférer pour interdire plus de 100 substances utilisées dans l'industrie textile[43].

Quand le vêtement finit à la poubelle

Dans un rapport de 2017 (*Changing fashion - The clothing and textile industry at the brink of radical transformation Environmental rating and innovation report*), le WWF propose un état des lieux significatif de l'impact environnemental de l'industrie textile. Selon ses analyses, la production textile contribue à hauteur de 1,7 milliard de tonnes de CO_2 par an aux émissions mondiales de gaz à effet de serre. Elle produirait annuellement 2,1 milliards de tonnes de déchets.

Le rapport *Pulse of the Fashion* 2019[44] rapporte que l'industrie de la mode continue de croître au niveau mondial, à un rythme de 5 % environ. Les estimations pour 2030 prévoient une augmentation de la production à 102 millions de tonnes de vêtements et chaussures, pour une valeur de 3,3 mille milliards de dollars US. Cependant, même si une prise de conscience émerge au sein de la profession, le rapport affirme que la vitesse de réaction et d'adaptation aux enjeux du changement climatique ne permettront pas de limiter les impacts négatifs de cette production. La demande pour une mode plus responsable n'est pas encore un « moteur assez puissant » pour conduire un changement au sein de l'industrie du textile.

Dans un rapport de janvier 2019[45], Novethic rappelait quelques chiffres édifiants sur le gaspillage vestimentaire en France :

- 100 milliards de vêtements sont produits par an.
- 70 % de la garde-robe de chaque logement ne seraient jamais portés, 93 % n'auraient pas été portés depuis 1 an.
- L'équivalent d'une benne de vêtements serait jetée chaque seconde, seuls 20 % seraient recyclés.

Le rapport de la Fondation Ellen MacArthur[46] parle d'un taux d'utilisation des vêtements en baisse de 70 % depuis 15 ans aux États-Unis. Plus de la moitié du textile acheté serait jeté dans l'année.

On le comprend, la filière textile, telle qu'elle est organisée actuellement, produit trop. Elle gaspille des quantités de plus en plus importantes de ressources non renouvelables et pollue de manière irrémédiable les écosystèmes. Injuste et parfois dangereuse, elle met en péril la vie de ses travailleurs. Le consommateur se retrouve, lui, noyé sous des masses de vêtements trop vite usés et démodés. Le constat de gâchis est sans appel.

Face aux graves enjeux environnementaux, sociaux et sanitaires provoqués par les modes de production de la *fast fashion*, certains acteurs ont décidé de s'associer pour donner un autre avenir à la filière.

VERS UNE MODE ÉTHIQUE ET DURABLE ?

Prise de conscience et mises aux normes

Une remise en question des modes de production industriels commence à poindre entre 1980 et 1990. Parmi les premières voix, celles des activistes défendant les droits des animaux comme PETA. En 1992, l'organisation lance sa célèbre campagne « *Rather go naked than with fur*[47] ». Grâce à leur médiatisation grandissante et au soutien de personnalités, elles font pression sur les marques pour qu'elles cessent d'utiliser de la fourrure dans leurs collections, ce que certaines commenceront à faire.

Rapidement, les organisations internationales, ONG et associations de protection des droits de l'homme et de l'environnement s'intéressent également au sujet du textile. On peut dater le début du mouvement entre 1990 et début 2000. Une campagne est menée conjointement dans des dizaines d'universités américaines par USAS (United Students Against Sweatshops), révoltés par l'utilisation d'ateliers peu scrupuleux pour la fabrication de leurs uniformes. Ils poussent les grandes marques de sports à divulguer les noms et les adresses de leurs usines de production. Par un effet de dominos, de plus en plus de marques ont accepté de communiquer sur leur chaîne d'approvisionnement.
En Europe, des ONG telles que *Clean Clothes Campaign* et le collectif Éthique sur l'étiquette s'organisent pour lutter contre le développement des *sweatshops* (usine d'exploitation).
Créé depuis 1990, *Clean Clothes Campaign* est l'un des premiers réseaux européens qui s'est mobilisé sur la question des *sweatshops* et elle en est à ce jour devenue la référence européenne.

Des organismes de normalisation apparaissent pour créer des standards internationaux, notamment l'ISO, International Organization for Standardization, fondée en 1947. Leur but était avant tout de réglementer les pratiques dans les domaines industriels et commerciaux. Il existe aujourd'hui de nouvelles normes liées aux aspects sociaux, environnementaux, ou à la qualité des produits.

En Europe, les entreprises doivent répondre à un cadre légal tel que la réglementation REACH (Registration, Evaluation, Authorisation and Restriction of Chemicals, mise en place en 2006) et la loi française sur le Devoir de vigilance.

Les labels voient également le jour. Parmi les plus connus, on peut citer le label Fairtrade/Max Havelaar créé en 1992, ou l'Oeko-Tex Standard 100 de 1992.
À la même époque, on commence également à entendre parler de réchauffement climatique et des enjeux liés à l'environnement. L'industrie textile n'est plus épargnée par les critiques des ONG, mais aussi du public, qui cherchent à la mettre face à ses responsabilités.

Les industriels s'organisent pour prendre leurs responsabilités

En réponse, de plus en plus de marques acceptent plus de transparence et s'engagent pour diminuer leur impact social et écologique. Parallèlement à la législation et à l'adoption de labels, **les acteurs de la mode sont aujourd'hui nombreux à s'assurer des conditions de fabrication** en faisant un suivi plus poussé de leurs chaînes logistiques et d'approvisionnement.

La traçabilité de la chaîne de production devient un enjeu majeur. De la production de matière première aux conditions de fabrication, les entreprises s'équipent et s'organisent pour faire la lumière sur leurs approvisionnements. Les initiatives sont nombreuses. En 2016, une coalition de neuf syndicats et organisations de défense des droits humains se réunit pour mener une campagne commune en faveur de la transparence de la filière d'approvisionnement textile[48]. Ils rédigent un « Pacte pour la Transparence » (*Transparency Pledge*) sous la forme d'une campagne de pression, pilotée par les organisations de la société civile (dont la CCC, *Clean Clothes Campaign*) destinée à contraindre les marques à publier des informations sur leur chaîne d'approvisionnement. Une trentaine d'enseignes l'ont déjà adopté.
En 2011, Greenpeace lance sa campagne de désintoxication de la mode afin de sensibiliser le public aux produits chimiques nocifs dans l'industrie de la mode. Plusieurs marques se regroupent pour former ZDHC (*Zero Discharge of Hazardous Chemicals*), le programme zéro rejet de produits chimiques dangereux, afin de s'aligner sur une approche commune.

En 2014, des militants de la mode lancent le mouvement de la *Fashion Revolution*, la première journée de la révolution de la mode avec une campagne sur les réseaux sociaux encourageant les consommateurs à prendre des photos de leurs étiquettes et à interpeller les marques grâce au slogan « *#whomademyclothes ?* ».

À l'occasion du G7 en 2019, 32 entreprises leaders de la mode et du textile se sont engagées à définir des objectifs concrets pour réduire l'impact du secteur textile sur l'environnement dans le cadre du *Fashion Pact*[49]. Le président Emmanuel Macron a missionné François-Henri Pinault, P-DG de Kering, pour mobiliser les acteurs de la mode et du textile autour de ce pacte en faveur du développement durable. Les objectifs se focalisent sur trois actions fondamentales pour préserver la planète : enrayer le réchauffement climatique (objectif de zéro émission nette de gaz à effet de serre à horizon 2050), restaurer la biodiversité, protéger les océans.

Leurs progrès sont résumés dans des rapports RSE (responsabilité sociétale d'entreprise), qui font de plus en plus l'objet d'une communication externe. En effet, le consommateur souhaite aujourd'hui savoir d'où viennent ses vêtements, et il n'hésite plus à demander des comptes.

En octobre 2019, 66 marques de prêt-à-porter, du luxe et de la chaussure se rassemblent autour d'Eco TLC pour la campagne de sensibilisation #RRR sur la 2e vie des textiles et chaussures. C'est la première fois qu'un ensemble de marques se mobilise sur un sujet de pédagogie non lucratif sur la réparation, la réutilisation et le recyclage[50].

COLLECTIF ÉTHIQUE SUR L'ÉTIQUETTE

Collectif de pression citoyenne, le Collectif Éthique sur l'étiquette est une ONG de défense des droits des travailleuses et des travailleurs de l'industrie de l'habillement dans le monde. Composée de syndicats et d'associations, cette ONG mène depuis 1995 différentes actions pour faire évoluer les marques d'habillement afin qu'elle respectent les normes internationales du travail dans leurs chaînes de sous-traitance. Elle cherche aussi à renforcer la législation contraignante et a été à ce titre particulièrement mobilisées pour l'adoption, en France, de la loi sur le devoir de vigilance de multinationales, en 2017.

FOCUS

Le Devoir de vigilance[51]

L'accident du Rana Plaza en 2013 a éveillé les consciences sur les dessous de l'industrie de l'habillement. Un collectif d'ONG françaises (CCFD-Terre solidaire, Les Amis de la Terre, Amnesty International, Collectif Éthique sur l'étiquette, entre autres), rassemblé dans le Forum citoyen pour la RSE, s'est mobilisé pour mettre les multinationales devant leurs responsabilités. Une loi unique au monde est venue couronner cette action : la loi relative au Devoir de vigilance des sociétés mères et des entreprises donneuses d'ordre, adoptée le 21 février 2017 par l'Assemblée nationale. Elle oblige les entreprises donneuses d'ordre à anticiper les risques sociaux, environnementaux et de gouvernance engendrés par leurs opérations, mais aussi celles de leurs filiales et de leurs partenaires commerciaux (sous-traitants et fournisseurs). Même si elle est encore peu invoquée, elle ouvre la porte à des procédures judiciaires en cas de constat de violation des droits humains.

Si certains s'engagent pour avoir bonne presse, d'autres sont sincères dans leur démarche et l'inscrivent dans leurs valeurs. De plus en plus de marques se font accompagner par des organisations pour améliorer des conditions de travail et vérifier que leurs chaînes de production respectent les standards internationaux. Ces initiatives ne fournissent pas toutes de certifications, elles sont basées sur un principe d'amélioration graduelle dans le temps, sanctionné par des rapports de progression.

Mais *Greenwashing* ou ADN de la marque, le mouvement est réellement lancé. Aujourd'hui, nous entrons dans une nouvelle ère de la mode plus durable, notamment par la réparation des erreurs commises et la proposition d'alternatives durables.

La traçabilité, le cœur de la mode responsable

Thomas Radal, consultant en sourcing *responsable, a travaillé pendant 4 ans au Bangladesh sur des projets concrets d'amélioration de la production des vêtements, entre autres sur la traçabilité des matières premières. Il est aujourd'hui consultant en achats responsable et représentant Europe pour Ulula, une start-up qui met en place des systèmes d'alertes pour les ouvriers dans les usines et qui permet de les interroger par téléphone sur leurs conditions de travail et leur bien-être.*

J'ai mis en place de nombreux projets de traçabilité et de *mapping* sur différentes filières, notamment une filière de plusieurs milliers de tonnes de coton en Inde, de la graine jusqu'au produit fini.

La traçabilité est un des grands enjeux de l'industrie textile pour les prochaines années. On parle à la fois de la traçabilité de la matière jusqu'à son pays d'origine et à la fois de l'identification des fournisseurs et des sites de l'écosystème de production.

On parle spontanément de la « chaîne d'approvisionnement » du textile, mais on devrait plutôt parler de la « nébuleuse d'approvisionnement ». En pratique, il y a un véritable réseau d'usines et de fournisseurs qui sont impliqués dans la confection de nos vêtements. Il y a cinq à six grandes étapes de transformation du coton, de la fleur jusqu'au tee-shirt. Mais si on prend en compte toutes les usines qui gravitent autour de chacune de ces étapes de transformation, il faut multiplier le nombre de fournisseurs par dix, au moins ! Il y a les imprimeurs, les fournisseurs de packagings, de produits chimiques, d'accessoires comme les boutons, les zips, les étiquettes, etc. Identifier toutes ces étapes est une demande croissante des consommateurs, mais aussi un enjeu pour les marques afin de maîtriser leurs risques RSE, qualité et logistique.

Aussi, si on prend l'exemple du coton bio, la mise en place de partenariats directs entre les marques et les fermiers est de plus en plus stratégique et indispensable pour assurer une production et un approvisionnement durable. En 15 ans, le coton *fairtrade premium* (différence entre le prix du coton biologique et du coton conventionnel selon la fondation Fair Trade) est passé d'une moyenne de 25 % il y a 15 ans à moins de 5 % en 2019. L'apparition du coton OGM (organisme génétiquement modifié) il y a environ 10 ans, avec ses rendements 30 % supérieurs, a fait chuter le prix du coton de manière générale et a rendu le *business model* des fermiers bio insoutenables. En Inde (principal pays producteur de coton biologique) les fermiers cessent de produire du coton bio alors que la demande en Europe augmente. Les marques doivent donc aller rencontrer les fermiers et faire des partenariats avantageux pour les deux parties, sinon le coton bio disparaîtra. Heureusement, de plus en plus d'entre elles le font et on doit saluer les efforts de la fondation C&A qui soutient massivement ce mouvement.

Il y a de nombreux obstacles à franchir sur la route d'une filière de coton 100 % traçable de la graine au produit fini.

Voici trois pistes que j'envisage pour avancer :

- Définir clairement ses objectifs au-delà de la traçabilité : la traçabilité n'est pas une fin en soit, c'est un moyen de répondre aux objectifs de notre industrie textile : plus de transparence, la sécurisation de ses approvisionnements en matière, la réduction des risques sociaux et environnementaux, etc.
  Il est essentiel de bien définir les objectifs que l'on souhaite atteindre en mettant en place un système de traçabilité. Cela va permettre de définir sa stratégie de traçabilité, c'est-à-dire répondre à la question : quels mécanismes mettre en place pour récupérer l'information dont j'ai besoin, au bon moment et à la bonne fréquence ?
- Ne pas voir les outils comme des solutions : il ne suffit pas d'adopter un *software* et de lancer une application pour voir sa matière circuler dans sa chaîne d'approvisionnement.
  Le travail de traçabilité est avant tout un travail d'engagement de ses fournisseurs pour créer la confiance nécessaire au partage d'informations. L'implication des équipes d'une marque a un rôle plus déterminant dans le succès d'un projet de traçabilité que le choix de l'outil.
- Il n'y a pas encore d'outil parfait sur le marché qui réponde à tous les besoins, car chaque marque a son fonctionnement d'achat. Une étude que nous avons réalisée en 2018 auprès de 25 grandes marques de textile a révélé que 80 % d'entre elles développaient leur propre système de traçabilité, plutôt que d'adopter un outil disponible sur le marché !
- Il faut partir de la matière et remonter sa chaîne, et non pas l'inverse : tout projet commence généralement de la même manière. On sélectionne un de ses plus beaux produits, le plus emblématique, et on va chercher à remonter sa chaîne d'approvisionnement. Malheureusement, ce travail conduit à un échec dans 99 % des cas ! La chaîne d'approvisionnement textile est trop longue, trop volatile et trop complexe. Il y a aussi des étapes de mélange de la matière qui créent de l'opacité.
  La stratégie la plus efficace pour créer une filière est d'identifier la matière qui correspond à ses critères et de reconstruire la chaîne d'approvisionnement à partir de celle-ci. Il s'agit d'identifier des sites de transformations les uns après les autres qui répondent à ses critères qualités, RSE, commerciaux, etc. C'est d'ailleurs comme cela que fonctionnent les systèmes FSC® et le GOTS.

L'arrivée du « Devoir de vigilance des entreprises » crée une nouvelle dynamique à la cartographie des chaînes d'approvisionnement des marques, mais également à la compréhension de la réalité sociale dans les usines.

Jusqu'à maintenant, les conditions de travail étaient contrôlées par un auditeur social qui va, tous les 6 mois à 2 ans, dans une usine pour réaliser un audit social recouvrant un grand nombre de sujets liés au droit du travail : la rémunération, les horaires de travail, etc.
Nous identifions certains aspects visuels comme la santé et la sécurité au sein de l'usine de manière assez pertinente, mais il est difficile par exemple de savoir si l'ensemble des ouvriers ont une véritable liberté de parole, s'ils sont sujet à de la discrimination ou à du harcèlement.
L'apparition de l'outil de Workers Voice, comme celui d'Ulula, permet désormais d'interroger directement les ouvriers sur leurs conditions de travail et conditions de vie à grande échelle, via les réseaux de téléphonie mobile. Cela permet d'avoir une évaluation très précise en temps réel des risques sociaux dans une usine.
Cet outil permet de déployer des systèmes d'alertes, tels que cela est demandé dans le devoir de vigilance. Les ouvriers peuvent alors appeler anonymement et informer directement la marque en cas de violation de leurs droits. La simple mise en place des lignes du Worker Voice (voies des employés) permet de réduire les atteintes aux droits de travailleurs.

La solution peut aussi être utilisée également pour envoyer régulièrement des questionnaires aux ouvriers pour mesurer l'évolution des pratiques dans une usine. Nous comprenons maintenant mieux la réalité des conditions de travail. Par exemple, nous pouvons mesurer les taux de malnutrition et leurs effets sur la santé et la productivité des ouvriers, ou encore la régulation des pauses des ouvriers pour aller aux toilettes qui conduisent malheureusement à de nombreuses infections urinaires, les ouvriers n'ayant pas toujours le temps ou l'autorisation d'aller aux toilettes pendant leurs heures de travail.

Thomas Radal, consultant en sourcing responsable

Habillons le monde sans déshabiller la planète

Hélène Sarfati Leduc, fondatrice du French Bureau, les experts de la Mode responsable est intervenante spécialisée dans le domaine du luxe, de la mode et du développement durable dans des écoles de mode et de commerce.

En 2002, tout juste diplômée du Master Innovation *design* et luxe de l'université de Marne-la-Vallée, j'ai atterri un peu par hasard, pour une mission ponctuelle à la Fédération de l'ennoblissement textile, ou FET. Le responsable de cette fédération commençait à s'intéresser de près aux enjeux environnementaux de l'activité de ses adhérents, qui commençaient eux-mêmes à être interrogés par leurs clients donneurs d'ordre.

Nous avons débuté un travail sur l'ensemble de ces sujets, et notamment la question des produits chimiques, encadrés par la directive européenne REACH (pour *Registration, Evaluation, Authorization of Chemicals*). L'industrie française du textile avait déjà banni de nombreux toxiques face à la levée des quotas d'importation textiles en 2005 par l'OMC (Organisation mondiale du commerce). Cette levée de quotas a signé le début de la *fast fashion* en France. Il devenait urgent pour la profession textile de montrer qu'elle « produisait d'une manière propre » et de communiquer sur ses actions.

Le secteur de la mode et du textile est depuis 2005 très majoritairement et de plus en plus importateur de vêtements produits loin et à bas coût. Il était capital d'encadrer la filière et de contrôler la chaîne de valeur pour veiller à ce qu'elle produise avec le moins d'impact négatif possible, car la mode non éthique peut abuser des droits fondamentaux des ouvriers et des écosystèmes dans des pays de production à la réglementation moins contraignante.

Au bout de 2 ans à la FET, puis à l'Union des industries textiles, j'ai collaboré avec l'ONG (organisation non gouvernementale) Yamana, qui souhaitait appliquer au secteur textile une démarche de traçabilité et de transparence des chaînes d'approvisionnement. Cette démarche était déjà développée par la filière de l'industrie du tapis avec le label STEP (label pour un commerce équitable de tapis faits main). Les problèmes majeurs auxquels le label STEP voulait remédier étaient ceux du travail dit « informel », c'est-à-dire des travailleurs sans aucun contrat, ni couverture sociale, soumis à une grande précarité.

Avec YAMANA, nous avons ensuite développé le label Fibre citoyenne pendant 5 ans. C'est un programme qui incitait les entreprises textiles à se lancer dans une démarche de responsabilité sociale et environnementale. Ce label accompagnait notamment les entreprises productrices de vêtements professionnels et leurs donneurs d'ordre publics (hôpitaux, SNCF, RATP, ONF) vers une production plus éthique et plus respectueuse de l'environnement. Il garantissait aux

collectivités et aux grands organismes publics que les vêtements achetés pour leurs salariés ne portaient pas atteinte aux droits humains et à l'environnement. Il faut savoir qu'en France environ un actif sur trois est habillé par son entreprise.
En mettant en avant un côté plus vertueux grâce à une production plus transparente et contrôlée, les directions générales des entreprises et des organismes publics qui achetaient des vêtements pour leurs salariés avaient bien compris l'enjeu pour l'économie française. En effet, l'État a financé ce référentiel de traçabilité que nous avons conçu. Ce label a d'ailleurs servi de base à la norme ISO 26000 (norme de responsabilité sociale et environnementale reconnue dans le secteur).

Depuis 2005, j'accompagne des entreprises, majoritairement des créateurs de mode responsable, sur l'ensemble des questions touchant à l'impact négatif de leurs productions et en parallèle, j'enseigne dans des écoles de mode et de commerce. Aujourd'hui, il me semble primordial de former les futurs professionnels pour qu'ils intègrent les enjeux d'une production et d'une consommation moins impactantes pour l'humain et l'environnement.

Je pense que la niche de la mode responsable devient la norme. Ce qui compte, c'est avant tout de produire moins, de consommer moins et plus localement, de réutiliser plutôt que de recycler, de faire durer en réparant notamment, avant de parler de fibres écoresponsables ou de coton biologique. Ce qui nous attend maintenant, ce sont surtout des changements de modèle économique, de passer du linéaire (je prends, je jette) au circulaire (je fais durer le plus longtemps possible, je réutilise avant de recycler).

Il semble que l'idée commence à faire son chemin. La multiplication des magasins de seconde main en France en témoigne. Attention, ce *business* de seconde main peut avoir ses limites et travers avec des prix de plus en plus élevés, contrairement à des commerces comme Emmaüs qui permettent de faire une œuvre sociale et environnementale avec un budget plus abordable. L'engouement pour la mode dite éthique ne doit pas nous faire perdre de vue que nous arrivons au bout de nos ressources naturelles. Comme nous le disons parfois au French Bureau (un collectif d'experts qui accompagne l'ensemble des acteurs du secteur de la mode pour la mise en œuvre de bonnes pratiques sociales et environnementales), le vêtement le plus éthique est celui que vous avez déjà dans votre *dressing* !

Hélène Sarfati Leduc – Le French Bureau, les experts de la Mode Responsable.
Habiller le monde sans déshabiller la planète

Un salon pour faire bouger les lignes chez les professionnels de la mode

Isabelle Quehé, fondatrice de l'association Universal Love, est à l'origine du premier salon de mode éthique en France Ethical Fashion Show *en 2004. Elle œuvre depuis 15 ans à transformer l'industrie de la mode, notamment en proposant des actions concrètes lors des COP 21 et 22, puis en créant un* booklet *de sensibilisation avec l'Ademe et une exposition « Le Revers de mon Look, quels impacts ont mes vêtements sur la planète ? ».*

Pionnière de la mode éthique, je me consacre depuis vingt ans à faire évoluer le secteur du textile, et à susciter une prise de conscience des consommateurs. J'ai été l'initiatrice et l'organisatrice du premier salon de la mode éthique en France, l'*Ethical Fashion Show*. J'ai organisé plus d'une cinquantaine d'événements en faveur d'une mode exigeante, différente et responsable.

En 2000, c'est la rencontre avec deux créatrices de mode Oumou Sy (Sénégal) et Bibi Russel (Bangladesh, *Fashion for development*) qui a déclenché mon intérêt et mon engagement pour une mode plus éthique. Ces deux femmes de cœur avaient la vision d'une mode réalisée dans le respect des communautés locales, des savoir-faire et de l'environnement.

En m'intéressant au sujet, j'ai rencontré beaucoup d'associations et *designers* défenseurs des droits des travailleurs et de l'environnement. J'ai aussi découvert l'envers de la *fast fashion* arrivée en Europe fin des années 90 et principalement produite dans les pays d'Asie du Sud-Est, sans réglementations aussi bien sociales qu'environnementales, cause d'abus humains et environnementaux... Le non-respect de l'humain signifiant souvent le non-respect de l'environnement, soit l'épuisement des ressources et la perte de savoir-faire textiles.

En 2004, je fonde un nouveau salon sous la forme d'une association, *Ethical Fashion Show*, ayant pour but de rassembler les *designers* de mode et accessoires internationaux, réunis autour de 3 piliers : le respect de l'humain et de l'environnement sur toute la chaîne de fabrication de l'environnement, ainsi que la mise en avant de savoir-faire textiles à protéger afin de les transmettre aux générations futures.

La première édition a réuni une vingtaine de marques dont Veja et Misericordia. Les années suivantes, le nombre de participants a doublé. Il a augmenté d'année en année allant jusqu'à 120 marques exposées au Carrousel du Louvre en 2009. Le salon *Ethical Fashion Show* a suscité un grand intérêt particulièrement auprès des femmes entre 35 et 45 ans. Ce salon a été à l'origine de nouveaux projets, de la création de boutiques et de sites Internet dédiés à la mode éthique, de l'émergence de nouvelles marques... En 2010, le groupe Messe Frankfurt a proposé de développer le salon à nos côtés à Paris, ainsi qu'à Berlin.

Alors qu'en France pour le public et les *fashionistas* les marques éthiques ont encore une image dévalorisante, à Berlin, tout semble plus facile, car pour les Allemands le confort du vêtement rime avec écologie et prime sur son style. En 2013, le salon ferme ses portes à Paris pour se centrer sur son développement à Berlin sous le nom actuel de Neonyt.
J'ai constaté que de 2004 à 2009, la mode éthique s'est développée en France, mais n'a pas réussi à convaincre. Elle est restée confinée à un public acquis à sa cause. Les citoyens et les boutiques n'étant pas encore assez conscients des dégâts de l'industrie textile sur l'humain et l'environnement. Quant aux acteurs français de l'industrie textile, ils se voilaient encore la face et ne se posaient pas encore toutes les bonnes questions.

Le 24 avril 2013, la tragédie du Rana Plaza au Bangladesh, faisant des milliers de morts et de blessés, reprise par la presse internationale va mettre en lumière tous les abus de l'industrie textile. On retrouvera dans les décombres du bâtiment, les étiquettes de nombreuses marques connues qui nient en bloc avoir passé commande à cette entreprise. L'absence de transparence de la chaîne de production de l'industrie textile est mise en évidence.
Suite à cette tragédie, le mouvement *Fashion Revolution* initié par deux créatrices anglaises Carry Summer et Orsola De Castro voit le jour et se voit très vite suivi par plus de 100 pays. Il contribue grandement à une nouvelle prise de conscience devenant le mouvement activiste de l'industrie de la mode le plus important. En 2014, le film *The True Cost* contribue aussi à pointer du doigt le secteur.

En 2015, par le biais de l'association Universal Love et à l'occasion de la COP 21 à Paris, nous avons engagé une réflexion avec la rédaction d'une charte de la Mode pour le climat. Cette charte transmise lors de la COP 22 à Marrakech a été signée à l'époque par plus de 300 acteurs : entreprises, *designers*, marques, bureaux de tendances, étudiants, écoles de mode, citoyens, ONG...
Par la suite, le rapport d'Ellen Mac Arthur, initiatrice majeure d'une industrie textile plus circulaire limitant son impact environnemental, est venu renforcer notre action.
En 2018, lors de la COP 23, les Nations-Unies initient une action avec de grandes entreprises de textiles s'engageant à baisser leurs émissions de gaz à effet de serre de 30 % d'ici 2030.

En 2019, lors du G7 à Biarritz, le *Fashion Pact* initié par le groupe de luxe Kering est signé par 32 entreprises françaises. L'industrie de la mode a enfin compris qu'elle doit s'engager à réduire son impact environnemental et son impact social. Face à la génération des *millennials* et celle qui suit, les acteurs de la mode doivent « nettoyer » la chaîne de production, car la jeunesse ne se laissera plus berner. Les jeunes réclament plus de transparence sur la fabrication des articles de mode qu'ils achètent, car ils ne cautionnent pas cet esclavagisme moderne et s'engagent pour l'environnement.

Un étudiant sortant d'une école de mode aujourd'hui se doit de tenir compte des problématiques relatives à la transparence de la chaîne de production, aux choix des matières à utiliser et au respect des humains qui travaillent dans l'industrie de la mode.

Tout est une question d'éducation et d'informations. Ainsi, Universal Love s'est engagée auprès de l'Ademe en réalisant un *booklet* (disponible à l'Ademe[51]) et une exposition « Le Revers de mon Look, quels impacts ont mes vêtements sur la planète ? ».

Grâce au salon *Ethical Fashion Show*, j'ai côtoyé de nombreux *designers* de mode respectant l'humain et l'environnement sur l'ensemble de la chaîne de fabrication. Ils étaient aussi engagés dans le soutien et la promotion des savoir-faire textiles et du travail de la main. J'ai constaté que les jeunes *designers*, dans tous les pays et notamment dans les pays émergents, étaient confrontés aux mêmes problèmes depuis le début des années 1990. L'entrée dans une économie de marché allait toujours de paire avec l'essor de la *fast fashion*. Le fait-main dans le respect des savoir-faire faisant la richesse du monde et des cultures avait tendance à disparaître au détriment d'une fabrication rapide, de moins bonne qualité et pas chère. Choisir la délocalisation pour amoindrir les coûts de fabrication des vêtements entraîne une diminution de la qualité de nos vêtements de prêt-à-porter et des conditions de travail toujours plus insoutenables, ainsi qu'une tendance à l'uniformisation des vêtements du Nord au Sud.
En faisant l'état des lieux de cette situation, je me suis attelée à une nouvelle mission faisant partie intégrante de ma lutte pour une mode engagée. J'ai conçu l'exposition itinérante en France et à l'international : « Parures, objets d'art à porter. »
L'exposition Parures a pour but de reconnecter les individus aux savoir-faire textiles par le biais d'objets d'art à porter, proches de la haute couture. À travers cette exposition, j'interroge des *designers* sur une pièce intermédiaire entre le vêtement et l'accessoire, qui puisse changer une tenue simple en une tenue plus habillée, sans avoir à acheter un énième vêtement.

« Parures, objets d'art à porter » est un manifeste pour engager le public vers une mode plus durable, en montrant la richesse des métiers d'art liés au textile. Si notre planète dispose de ressources épuisables, les êtres humains ont eux une créativité inépuisable.

Isabelle Quehé, fondatrice de l'association Universal Love.

L'écoconception, au cœur de l'économie circulaire

La mode éthique et durable s'inscrit donc dans une démarche d'économie circulaire, en opposition à la *fast fashion*, pur produit de l'économie linéaire. Elle est née de l'engagement d'acteurs du secteur de la mode décidés à lutter pour le **respect les droits humains et de la nature** tout au long du processus de développement d'une collection de vêtements ou d'accessoires (chaussures, bijoux, sacs).

Ils s'associent afin de diminuer l'empreinte écologique de leur production en privilégiant des matières issues de l'agriculture biologique ou recyclées et des procédés de fabrication utilisant moins d'eau, d'énergie et de transports. Ils apportent un soin particulier à assurer des conditions de vie et de travail décentes aux travailleurs tout au long du processus de production, de la matière première à la confection finale.

Cette réflexion sur la durabilité de la chaîne de production invite à mettre en place des actions coordonnées pour prendre en compte, dès la conception, l'impact environnemental et social d'un produit. C'est la définition de l'écoconception[52], cœur de la mode éthique et responsable. Un vêtement écoconçu s'efforce de réduire son empreinte, tout au long de son cycle de vie. Il s'inscrit dans une volonté d'équité sociale, d'efficacité économique et de qualité de l'environnement, c'est-à-dire de développement durable comme le présentait pour la première fois le Rapport Bruntland à la fin des années 1980[53].

Le développement durable signifie répondre à un besoin du présent sans compromettre les capacités des générations futures à répondre à leurs propres besoins. Depuis la fin du XXe et le début du XXIe siècle, la mode est basée sur le système linéaire : prendre, produire, jeter. Les ressources sont gâchées et sous-évaluées. Progressivement, un nouveau modèle plus vertueux émerge basé sur les principes de l'économie circulaire. Ce modèle fonctionne en boucle (à l'opposé du modèle linéaire). Il vise à limiter la consommation et le gaspillage de matières premières. Les ressources organiques sont remises en valeur et les produits synthétiques sont créés dans le but d'être recyclés[54], diminuant ainsi le volume final de déchets.

La France figure parmi les pionniers.
En 2007, la France ratifie la loi REP (Responsabilité élargie du producteur) pour la filière des textiles et chaussures et devient le premier et seul pays au monde à disposer d'une structure qui a pour ambition d'accompagner toute la filière vers l'économie circulaire[55].
Le 25 septembre 2019, le Sénat a voté l'interdiction de l'élimination des invendus non alimentaires, tels que vêtements, chaussures, produits d'hygiène ou de

beauté, produits électroménagers. Une première mondiale[56] !
Voici le cycle de vie d'un produit écoconçu s'inscrivant dans l'économie circulaire :

Les différentes étapes de l'écoconception d'un tee-shirt imaginé par la ligne manifeste « Une autre mode est possible »

Arielle Levy et Elise Gisèle Redel, le duo intergénérationnel de la marque L'Herbe rouge ont créé la ligne manifeste « Une autre mode est possible », membre ambassadeur du collectif artistique et associatif UAMEP « Une autre mode est possible » (UAMEP). Leur objectif est de proposer entre autres, différentes capsules en série limitée ou sous forme de *co-branding* permettant d'illustrer les différentes facettes de la *slow fashion*, à commencer par la ligne de tops en lin 100 % zéro déchet inscrite dans l'économie circulaire. Elles ont imaginé un tee-shirt de qualité premium, zéro déchet, durable, intemporel pour homme et pour femme à un prix accessible de 35 €.

Voici la démarche qu'elles ont suivi pour que ce produit soit écoconçu :

1. Le *design* : ce qui différencie ce tee-shirt basique de ceux qu'on peut trouver dans les chaînes de magasins traditionnels, ce sont les finitions recherchées, un « tombé » flatteur pour toutes les morphologies, tailles et styles, un toucher ultra-doux et un style intemporel.

2. La fabrication : le duo travaille main dans la main avec le filateur, le tricoteur et le confectionneur au Portugal à Barcelos. La mise en place d'un partenariat créatif entre le *designer* et l'industriel est une clé de succès trop souvent oubliée au profit d'une relation client/fournisseur à sens unique. L'industriel possède son organisation, ses contraintes et forme une chaîne de métiers complexes où chaque maillon est important. Chaque détail compte et ne s'improvise pas, ce qui demande de l'écoute pour créer un rapport de confiance entre les parties.

3. La confection : elles ont opté pour des chutes de matières récupérés chez le confectionneur. Le duo souhaite mettre en valeur que près d'un tiers des surplus proviennent de la fabrication des matières.

4. La matière : du lin européen certifié « *Master of Linen* ». Il s'agit d'une marque collective déposée par la CELC (Confédération européenne du lin et du chanvre) garantissant l'excellence et la traçabilité 100 % européennes des textiles, à chaque étape de transformation. Elle est disponible sur des produits finis en 100 % lin, en métis (chaîne coton, trame lin), ou en lin majoritaire. Chaque matière a ses particularités et le lin, la matière naturelle la plus vertueuse, n'y échappe pas. 80 % de la production mondiale de la fibre de lin teillé est d'origine européenne et la France en est *leader* mondial.

5. L'étiquette : le duo a inventé l'étiquette trois en un, zéro déchet. L'étiquette est à la fois un signe d'identité du produit

Étiquette zéro déchet réalisée
sur des chutes de tissus textiles.

Design intemporel
et unisexe.

Lieu de fabrication :
Barcelos au Portugal.
Travail main dans la main
avec l'équipe.

Confection réalisée dans une
démarche zéro déchet
grâce à l'utilisation exclusive
de fins de rouleaux
et de chutes.

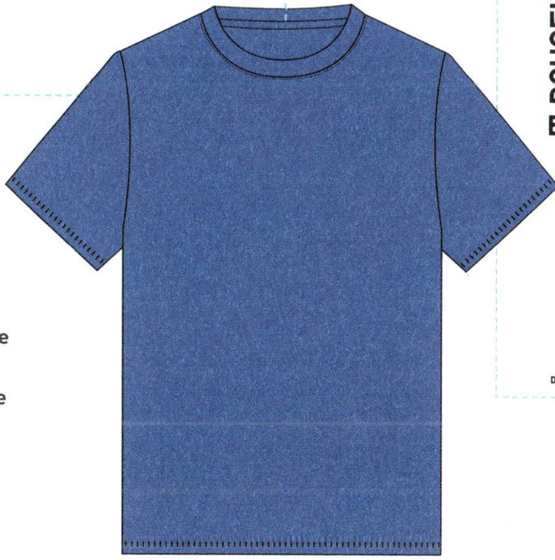

Matière : lin européen certifié
Master of Linen, une marque déposée
et un sceau d'excellence « *Made in Europe* »,
garantissant la traçabilité du lin.

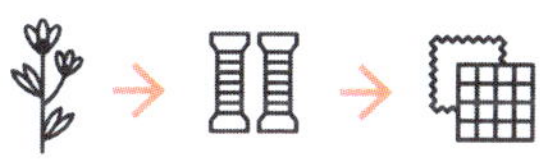

de la plante → au fil → au tissu

(*branding*), mais également un mode d'emploi sur le produit (contexture). Les étiquettes sont réalisées sur des chutes textiles restantes en usine de confection sur lesquelles sont imprimés les valeurs, la provenance des tops, la taille et le code d'entretien.

À travers cet exemple, Arielle et Elise souhaitent rappeler que la magie d'un produit demande du temps et de l'humilité pour nourrir une relation de patience, de respect et d'échange.

UNE
AUTRE
MODE
EST
POSSIBLE

L'impression 3D[57] : le futur de la mode responsable ?

L'impression 3D est l'une des solutions les plus prometteuses pour rendre la mode plus éthique et durable. Même si elle est encore au stade du développement, elle est considérée comme une nouvelle révolution industrielle, capable de transformer en profondeur l'industrie textile.

Lors des *fashion weeks* du monde entier, des vêtements exceptionnels et souvent sculpturaux imprimés en 3D sont régulièrement présentés. Cependant, la transition vers la réalisation de vêtements « prêt-à-porter » reste encore du domaine du projet. La mode 3D cherche encore ses repères sur le marché grand public. Le perfectionnement de cette technologie donne néanmoins des idées aux industriels, sensibles à la demande d'extrême personnalisation d'une clientèle de plus en plus exigeante. Certains de ces projets mettent également en avant le fait que l'impression 3D serait inscrite dans un processus de production zéro déchet et socialement responsable. Affaire à suivre...

Cette pièce de vêtement est réalisée à l'aide d'accessoires imprimés en 3D en plastique végétal biodégradable, fabriqués avec la technique de frittage laser sélectif, une méthode de fabrication zéro déchet. Les bijoux sont également réalisés par impression 3D. L'intégration de l'impression 3D permet également un prototypage rapide, ce qui réduit les risques de gaspillage de matériel et de travail inutile. Le vêtement est entièrement monté à la main.

Vêtement impression 3D.
Création Alexis Walsh & Justin Hattendorf, photo Juliana Werring.

FOCUS

Le patronage zéro-déchet

Initié en 2016 par Mylène L'Orguilloux, modéliste textile, le projet R&D MILAN AV-JC a pour but d'explorer le concept de *design* « zéro déchet ». Mylène explore de nouvelles techniques de *design* pour créer des patrons de vêtement zéro chute. Cette méthode de conception promeut la nécessité de considérer l'imbrication potentielle des pièces d'un patronage dès la phase de création du produit afin d'éviter le gaspillage de matières premières. Être capable de voir la « contrainte » zéro déchet comme une source de créativité alternative est, selon elle, une réponse durable et innovante au désastre écologique aujourd'hui causé par l'industrie textile.

Selon elle, la qualité de création d'un vêtement ne résulte pas seulement des compétences d'un styliste. Elle s'obtient également grâce aux savoir-faire de modélistes, gradeurs, placeurs et découpeurs.

Il est donc aujourd'hui primordial de décloisonner ces métiers et de créer de la discussion, de la collaboration pour qu'ils prennent ensemble des décisions techniques plus durables.

Issu d'un cheminement professionnel et personnel MILAN AV-JC est aujourd'hui un projet de recherche ayant pour unique objectif d'initier un changement dans le monde de la conception textile.

www.milanavjc.com/all-about-en

Plateau fertile, un lieu hybride et innovant dédié à la mode écoresponsable

Annick Jehanne, présidente de Nordcréa, est directrice de l'offre dans plusieurs grands groupes de mode durant 20 ans. Elle est consultante en business *de mode et intervenante en écoles de commerce mode et luxe, spécialiste en nouveaux* business models *mode, innovation et entrepreneuriat.*
Elle est l'une des fondatrices de l'Association Nordcréa qui rassemble les entreprises mode et textile des Hauts-de-France pour créer ensemble d'avantage d'activité et une mode meilleure.

Nous avons officiellement inauguré le Plateau fertile le 25 septembre 2019 à Roubaix, quelque temps après la cinquième édition des *Fashion Tech Days* (un événement de partage et *networking* entre fabricants, distributeurs, créateurs, chercheurs et *start-ups* issus du secteur du textile) dont le thème était la mode à la demande.
L'association Nordcréa est à l'origine de ces deux initiatives, avec le soutien de différents partenaires. Plateau fertile est un tiers-lieu, c'est-à-dire à la fois un « fab-lab dédié à la conception innovante », un « atelier de customisation et d'*upcycling* », un « espace de *coworking* », un « lieu d'échanges » et « un espace inspiré et inspirant pour des professionnels créatifs, des entreprises, des porteurs de projet ».
L'objectif est de pouvoir arriver le matin avec une idée, la créer en conception 3D et ressortir le soir avec son prototype.
À son ouverture, il y a un an, le Plateau fertile était déjà équipé d'un atelier de confection, d'une station d'impression de tee-shirts et de tables de coupe. Cette année, il s'est renforcé d'un traceur de patronages, d'une table de digitalisation, d'une station de création dédiée à la conception 3D, ainsi que de deux logiciels de conception *ad hoc*.
En 2020, nous souhaitons avoir une installation de coupe automatique et une imprimante écologique (utilisant de l'encre à l'eau sans solvant) pour les tissus en matières naturelles, ainsi qu'une machine de tricot 3D et de tissage digital. L'activité est intense : le Plateau Fertile est presque plein jusqu'à juin 2020. Ce lieu est animé par sept personnes à temps plein, dont quatre à la confection.

Ce projet global de transformation en atelier très souple et innovant a besoin de 1,2 millions d'euros sur 3 ans pour se développer.
Nous comptons sur nos partenaires pour le financement tels que le Défi, la région des Hauts-de-France, la Métropole européenne de Lille (Mel), Camaïeu, Auchan et Blancheporte ainsi que de nouveaux partenaires fondations et investisseurs privés.
Nous n'acceptons pas de dons des fabricants de matériels et de logiciels, car ils instaurent une dépendance. Nous souhaitons être libres et concevoir des systèmes « ouverts » en assemblant différentes solutions en coconstruction avec ses utilisateurs.

Afin de faire découvrir l'espace et les outils mutualisés du Plateau fertile, des *co-lunchs* sont organisés tous les mois. Nous accueillons des profils très différents tels qu'un jeune créateur ou une enseigne qui souhaite former des stylistes ou des modélistes pour mener un projet particulier. Par exemple, Blancheporte développe un chantier d'*upcycling*. L'enseigne souhaite transformer ses invendus de linge de maison en accessoires pour la maison. La ligne est imaginée par une styliste de Nordcréa et sera présentée en 2020 avec d'autres projets de recyclage, signés Camaïeu et Auchan, lors de la manifestation à Lille, capitale mondiale du *design*.

Les tarifs d'utilisation du Plateau fertile sont adaptés aux moyens de chacun. C'est le côté « Robin des Bois » de notre association. Les grands soutiennent les petits pour nourrir l'écosystème et développer des partenariats.

Nordcréa a été fondée en 2016 avec l'objectif de faire émerger une mode plus responsable et nous voyons déjà les fruits de notre travail. La structure rassemble désormais 170 entreprises, dont 20 % de parisiennes (ou d'autres régions), venues rejoindre les enseignes du Nord (Cyrillus, Promod, Tape à l'œil, IDgroup, Gémo, Damart, Gentle Factory, Rouge Gorge...). Nous accompagnons aussi une trentaine de jeunes marques dans leurs projets.

Nous avons également de nouvelles initiatives qui se mettent en place telle que la création d'un groupe « zéro plastique », copiloté par Nordcréa et Promod. Une dizaine d'enseignes se sont fixé le défi de trouver, d'ici à six mois, comment remplacer par des solutions plus écologiques l'ensemble des « polybags » de la filière, c'est-à-dire ces plastiques qui servent à emballer les produits pour leur transport entre les usines, les entrepôts et les magasins.

Annick Jehanne, présidente de Nordcréa.

FOCUS

La chaire BALI

Une initiative centrée sur la recherche et le développement de nouvelles solutions durables pour l'industrie de la mode. Créée en 2017 sous l'initiative de Jean-Pierre Mocho, la chaire BALI (*Biarritz Active Lifestyle Industry*) est un programme d'enseignement et de recherche sur les innovations technologiques à venir dans l'industrie de la mode et du textile. Elle est portée par l'école d'ingénieurs ESTIA de Bidart. La chaire BALI est née d'un diagnostic partagé entre différents acteurs industriels et académiques du secteur de l'innovation et de la mode : les nouveaux modes de vie et de consommation soulèvent de nouveaux défis auxquels l'industrie de demain doit répondre. Au coeur des défis d'aujourd'hui et de demain se trouve la matière première, son origine, la façon de la produire et de la travailler. La chaire BALI a pour objectif d'amorcer la réflexion sur ce qui concerne la recherche et la conception de matières durables, l'imagination de nouvelles technologies pour travailler ces nouvelles matières, l'organisation de l'usine du futur pour répondre aux nouvelles attentes des consommateurs, telles que la personnalisation. Elle travaille notamment sur cinq axes : digitalisation de la matière, RSE des entreprises de mode et traçabilité, automatisation des processus de développement et de production, industrie de la mode 4.0 et production à la demande. Les opportunités sont variées, c'est à l'ensemble des acteurs, anciens et nouveaux, de travailler ensemble à leur développement. La chaire BALI s'est donnée trois ans pour devenir un centre d'information et de recherche sur les disruptions technologiques du futur, pour les entreprises de la mode et du textile. Son ambition est d'accompagner les entreprises à comprendre et intégrer les enjeux de transformation industrielle auxquels ils seront confrontés d'ici les prochaines années. La chaire BALI est un pôle pluridisciplinaire au service de l'innovation au sein de l'industrie de la mode et de l'habillement, en passant de la création à la vente de vêtements. Cette initiative travaille sur la transversalité entre les différents métiers de la filière, afin de répondre aux besoins actuels tout en innovant et en s'inscrivant dans une économie collaborative et circulaire.

Informations recueillies en entretien avec Jean-Pierre Mocho et sur le site www.chaire-bali.fr

Coco & Rico, une société inscrite dans l'écoconception en charge de la gestion des collections de créateurs de mode

Clea Polar, cofondatrice de Coco & Rico, accompagne des marques dans l'écoconception de leurs pièces à toutes les étapes de leur création. Clea Polar et son équipe s'engagent à ce que chaque étape de la chaîne respecte ses engagements afin que celle-ci soit vertueuse et respectueuse de l'environnement et de ses habitants, qu'ils soient humains, animaux, végétaux ou minéraux.

Nous sommes trois associés, issus de différents univers. En 2016, nous avons débuté un projet de marque de vêtements fondée sur la fabrication française, produite en petite série, respectant l'humain et l'environnement. Il a été très difficile de trouver quelqu'un qui puisse répondre à notre demande, à tel point que nous avons estimé plus simple d'investir dans des machines à coudre et d'engager une couturière. Au lancement de notre première collection, nous avons réalisé que nous n'étions pas les seuls dans cette situation. À ce moment-là, nous avons vécu une prise de conscience quant au fonctionnement de l'industrie de la mode et nous avons décidé de répondre à la demande d'autres créateurs en pivotant et en ouvrant l'Atelier Coco & Rico. Cela fait trois ans que nous avons développé une expertise dans la mode écoresponsable, locale et haut de gamme.

Au départ, c'était un atelier de confection. Mais en septembre 2019 nous avons orienté notre *business model* afin d'avoir un impact plus fort au sein de l'industrie de la *Slow Fashion*. Aujourd'hui, nous accompagnons les créateurs, les marques et les entreprises dans le développement, la production et la mise sur le marché de leurs collections de vêtements ou accessoires de mode, et ce de manière éthique. Nous sommes forts d'un réseau de partenaires locaux avec qui nous entretenons des relations exclusives et privilégiées.
Notre challenge quotidien est de remettre en question chacune des étapes de création. Avec notre équipe, nous mettons en place des solutions au sein de nos différents pôles pour être toujours plus écoresponsables.

Au sein du sourcing matières, nous travaillons exclusivement avec des références écocertifiées et *véganes*. Nous cherchons la performance et l'innovation au sein du neuf, ou nous proposons de l'*upcycling*.

Dans le bureau d'étude, les produits développés sont écoconçus. Grâce à des prototypes en 3D nous revisitons les stratégies commerciales en encourageant les préventes, et nous étudions la fin de cycle du même produit en pensant dès le départ à la revalorisation des déchets qu'il générera ou à son recyclage.

La fabrication est faite à 100 % en région parisienne et nous produisons à la demande, de 1 à 10 000 pièces avec un délai de livraison de 5 à 25 jours afin de répondre aux problématiques liées aux stocks, aux pertes ou aux invendus. Bien sûr la proximité et le circuit court avec nos ateliers nous permettent aussi de garantir le bien-être au travail des couturiers.
L'industrie de la mode est fondée sur un vieux modèle économique apparu à l'époque de l'ère industrielle. Nous subissons son opacité, c'est pour cela que chez Coco & Rico nous travaillons sur un changement de paradigme pour faire évoluer cette industrie. En tant que tiers de confiance entre les marques et les fabricants qui ont parfois plus de 100 ans d'expérience, nous prenons le meilleur du passé et nous l'allions au meilleur du futur. Nous mélangeons les générations et croisons l'artisanat avec les nouvelles technologies. Nous participons à la mutation d'une économie en la rendant à notre échelle plus éthique et durable.

Clea Polar, cofondatrice de Coco & Rico.

Silhouettes de la marque écoresponsable Wenhua Duvergé.

Une autre mode est possible

Arielle Lévy a co-fondé la marque de prêt-à-porter l'Herbe rouge, pionnière de l'écoconception. Aujourd'hui, elle développe le label et le manifeste « Une autre mode est possible », ainsi que Very Good Agency pour montrer une autre vision de la mode.

Une autre mode est possible (UAMEP)[58] est un collectif d'acteurs et de *designers* textiles qui fonctionne comme un label de musique indépendant porté par Cécile-Jeanne Gayard, Anne-Laure Eustache, Élise Redel et moi-même. Son objectif est d'accompagner ses membres dans la création, la production et la distribution, en ayant un impact social et environnemental positif. Le label s'exprime au travers d'une signature artistique minimaliste et exigeante. Face aux mutations de l'industrie et à l'accélération des modes de vie et de consommation, le label UAMEP (association loi 1901) fédère ses membres pour incarner une voie alternative : celle de la création indépendante comme langage économique, social, environnemental et artistique. Il porte un projet agile, nomade et basé sur le respect, la réciprocité et l'interculturalité. Il incarne les savoir-faire et savoir-être d'ici et d'ailleurs comme fil conducteur pour tisser ce lien fort avec tous les territoires et les continents. Il fonctionne sur la base de la mutualisation des expertises, des expériences et des réseaux pour inclure toute une chaîne d'acteurs et de valeurs jusqu'à la co-création.

« Une autre mode est possible » est le slogan historique de l'Herbe rouge, l'un des pionniers de l'écoconception dans le prêt-à-porter durable de 2008 à 2017 dont j'étais co-fondatrice au service de l'économie circulaire et de la cohésion sociale de manière concrète (*made in* local, biosourcé, *upcycling*, zéro déchet, *open source*, *design* social, artisanat, innovation, interculturalité). C'est en démontrant qu'il est possible de rendre accessible (en termes de prix, d'image et de visibilité) un autre mode de création, de distribution et de communication, que nous pourrons rendre viables de nouveaux modèles économiques. Cet autre mode (et cette autre mode), c'est tendre vers l'épure, le « moins mais mieux », en diminuant les coûts inutiles et en valorisant la valeur ajoutée sur toute la chaîne de valeur de la matière, de la créativité et de l'humain. Le collectif rassemble d'ores et déjà une quarantaine d'acteurs et de *designers* et un large réseau de partenaires engagés dans le soutien à la création indépendante et à l'écoconception textile. Le label UAMEP s'appuie sur une charte indépendante qui comporte cinq piliers et s'applique à l'ensemble des actions qu'il mène et des membres qu'il représente : l'innovation environnementale, sociale, économique, l'interculturalité, le *design* et la création.

Il défend la conviction qu'il est aujourd'hui indispensable de penser l'écosystème du textile dans ses multiples dimensions. Le label rassemble de multiples compétences et expertises complémentaires : création (stylisme, modélisme, imprimés, etc.), écoconception, expertise matières et sourcing, production et confection, direction artistique (graphisme, image, scénographie, contenus éditoriaux, etc.), communication et développement digital...

Afin de proposer une nouvelle manière de promouvoir et distribuer des *designers* indépendants dans le respect des valeurs du label, j'ai créé *Very Good Agency* avec Georgia Sciuto, une agence d'un nouveau genre pour la promotion, la distribution et le développement. Cette agence propose une vision à 360° et personnalisée à ses talents pour les accompagner dans leur projet artistique et leur distribution, du *business model* à l'écoconception, de la direction artistique au sourcing matière. Nous agissons comme curateurs et éditeurs et non comme incubateurs. Fidèles aux valeurs du label Une autre mode est possible, *Very Good Agency* place l'humain au centre pour incarner une nouvelle voie créative et économique.

***Arielle Lévy-Verry, co-fondatrice d'UAMEP* et Very Good Agency.**

Silhouettes de la marque écoresponsable SKFK.

Concevoir et développer un vêtement écoresponsable

Linda Mai Phung est une entrepreneure, styliste et consultante en mode écoresponsable spécialisée en éco-conception de mode depuis 10 ans. Elle crée et produit des collections en proposant des solutions pour réduire l'impact environnemental et social de chaque produit.

Férue d'artisanat, d'innovation dans le *design* et de partage de culture, je suis styliste de mode écoresponsable, j'aime me présenter ainsi même si ça peut faire froncer les sourcils. Née dans les années 80 de parents immigrés post-guerre du Viêtnam, j'ai compris très tôt la chance que j'avais de pouvoir grandir et étudier en France, mais aussi la richesse du savoir-faire et de l'artisanat en visitant le pays de mes origines. À cette époque aussi, l'école m'a sensibilisée aux enjeux climatiques et aux injustices sociales. C'est pour ces raisons que, dans mon enfance, j'ai voulu changer le monde en y contribuant de façon positive tout en pratiquant un métier qui me passionne. Après ma formation à l'école Duperré, j'ai travaillé dans le commerce équitable, puis obtenu une bourse de la Mairie de Paris pour photographier les artisans au Viêtnam.

En 2010, j'ai créé une marque qui reflète mes valeurs éthiques, ma double culture franco-vietnamienne alliées à ma passion pour la mode : Linda Mai Phung. Puis en 2017, j'ai co-fondée une marque allemande de vêtements mixtes pour cyclistes urbains : Super vision.

Lorsque je dessine, je pense en amont à la façon dont sera produit le vêtement, car mes choix peuvent avoir un impact important sur la vie des personnes qui le fabriquent et sur l'environnement : le tissu ou la longueur d'une robe, un imprimé ou une broderie, le type de fermeture... Chaque détail compte.

Pour mettre en pratique cette responsabilité dans mon métier, j'ai défini des règles de base en accord avec ma vision.

- Travailler au plus proches des partenaires de production pour comprendre leurs enjeux sociaux et limiter les agents ou l'envoi des prototypes pour les réglages, qui réduisent la marge sur la rémunération directe des faiseurs : c'est pour cette raison que j'ai passé 10 ans au Viêtnam à travailler aux côtés d'artisans de petits ateliers ou d'usines de confection pour réaliser mes créations.
- Le tissu est souvent l'élément du vêtement qui consomme le plus de ressources naturelles, pour sa production.
- Choisir des matériaux comme le coton biologique, le lin, le Tencel : les fibres naturelles,

si elles ne sont pas apprêtées d'éléments synthétiques sont biodégradables, on peut parler ainsi de mode circulaire. Le tissu retourne à la terre.

- Choisir aussi des matériaux qui ont été recyclés comme le polyester, le Nylon, la viscose ou *upcyclés* comme des rebuts et stocks d'usines inutilisés.
- Dessiner des styles intemporels ou durables. Pour réduire notre empreinte carbone et notre utilisation intense des ressources naturelles, il faut consommer moins et garder son vêtement le plus longtemps possible.
- Comprendre les besoins de mes clients et leur demander leur avis : ne pas dessiner un vêtement inadapté à l'usage de ceux qui vont les porter, ou pas désirable du tout.
- S'efforcer de produire localement et de sourcer des matériaux locaux pour éviter les émissions de CO_2 dues au transport de chaque élément du vêtement.
- Vérifier que les vêtements, tissus et matériaux sont produits dans des conditions de travail décentes et non nocives pour les ouvriers et l'environnement local.
- M'informer régulièrement : lire des publications, rencontrer des acteurs de l'industrie dans des salons et dans des événements. Il y a beaucoup d'innovations dans les matériaux, mais aussi du *greenwashing*. Me renseigner permet de trier le vrai du faux, mais aussi de justifier mes choix, de manière plurilatérale.

Mon dernier principe, être transparente. Depuis 2008, selon les collections, j'applique et je jongle entre tous ces principes. C'est effectivement un challenge où il faut sans cesse se remettre en question. L'industrie textile est très complexe avec de nombreuses zones grises. Mais ce sont ces challenges qui rendent mon travail passionnant : continuer à travailler dans ce sens, voir les progrès et partager mes efforts de manière transparente a une résonance positive auprès de ma communauté professionnelle et me permet d'évoluer.

Entrepreneure dans la mode et styliste consultante depuis 10 ans, deux projets m'ont marquée en termes de *design* écoresponsable.

Linda Mai Phung, ma marque éponyme fondée au Viêtnam en 2010 avec Florence Bacin. Des collections de prêt-à-porter femme confectionnées avec des cotons biologiques, lins et soieries de coopérative de fabricants, alliés à des ennoblissements traditionnels des ethnies du Viêtnam. Fabriquées dans un atelier de tailleurs payés décemment à Hô Chi Minh-Ville, nos créations étaient distribuées dans des *concept store* à Paris, Berlin ou Tokyo. Parce que nos vêtements avaient une allure cool et désirable, tout en étant aussi écoresponsables, nous avons remporté des prix de mode éthique et avons eu des parutions dans *Elle, Harper's Bazaar, L'Officiel de la Mode, Vogue* et *The New York Times*.

Cette belle aventure a duré 6 ans durant lesquels j'ai pu travailler main dans la main avec les artisans et ethnies locales pour développer mes créations avec des tissus et des broderies traditionnelles, des imprimés d'artistes ou même pratiquer la teinture naturelle. J'ai eu l'opportunité de promouvoir l'artisanat vietnamien et sa richesse culturelle tout en gérant ma 1re entreprise de mode.

Toujours à Hô Chi Minh-Ville en 2017, je suis approchée par le directeur allemand d'une usine de confection pour créer des *moodboards* pour une marque mixte pour cycliste urbain. Peu de temps après je deviens associée et gère toute la création et la production de Super vision, cela faisait totalement sens pour moi de développer des vêtements dédiés au mode de transport urbain le moins polluant au monde.

Petite marque, il nous a fallu des mois pour dénicher ou créer des tissus non seulement techniques, mais aussi écologiques pour nos *designs*, car bien souvent les matières du *sportswear* se doivent d'être déperlant ou Stretch pour la performance : des qualités souvent trouvés dans le Nylon ou le polyester. C'est ainsi que nous avons choisi des Nylon et polyester recyclés respirants ou coupe-vent pour nos tops ou nos doublures, mais aussi des cotons bio et du Tencel pour nos jeans Stretch avec malheureusement un peu d'élasthanne pour la liberté de mouvement.

Il faut trouver le juste milieu entre satisfaire les besoins des cyclistes, mais aussi créer un produit de qualité et écoresponsable. Pas facile de devoir faire des compromis quand on a une vision viable depuis très longtemps. Au final, l'important est d'apporter du progrès en limitant la casse et être honnête.

En faveur de la transparence, on s'est engagés à indiquer où nos matériaux et produits sont fabriqués avec notre carte de traçabilité. Nous mesurons la consommation de CO_2 de chaque *design*, la marquons sur son étiquette et invitons le client à prendre son vélo à la place de la voiture pour compenser l'empreinte carbone de son achat.

Je suis aussi très fière que tous nos produits soient faits dans notre propre usine de production certifiée BSCI, en travaillant étroitement avec la *Fair Wear Foundation*, surtout que les ouvrières reçoivent un salaire décent.

Enfin, nous avons également mis en place une phase de tests au cours de notre processus de conception. Nos prototypes sont testés par des cyclistes pros, comme des livreurs à vélo, afin d'améliorer nos pièces, génération après génération grâce à leur retour. Nous produisons pour le moment en très petite quantité ou à la demande, car nous ne voulons pas créer plus de déchets.

Aujourd'hui, je suis de retour à Paris après 15 ans d'expatriation et j'ai plus que jamais l'envie d'aider les marques à se tourner vers des choix et *process* plus écoresponsables. Je souhaite travailler de nouveau dans la création de mode éthique, car j'ai l'impression d'assister à un éveil du consommateur de mode qui demande plus de transparence. En conséquence, de plus en plus de marques se créent avec un souci de responsabilité sociale et écologique et c'est très motivant pour le futur de la mode.

Linda Mai Phung, entrepreneure, styliste et consultante en mode écoresponsable.

Style en soie laquée, coton biologique et tissage des ethnies thai de Mai Chau.

SALE

3 MES REPÈRES POUR ÊTRE UN « CONSOMM' ACTEUR »

Et moi dans tout ça ? Qu'est-ce que j'achète ?
Il n'est pas facile de se repérer dans la jungle des labels, des certifications, des nouvelles matières et du *marketing glossy* des enseignes de prêt-à-porter.
Il existe de nombreux labels textiles pour vous aider à faire le tri, peut-être trop pour qu'il soit possible de tous les connaître. En voici quelques-uns qui vous renseigneront à coup sûr sur la qualité et l'origine d'un vêtement.

POUR DES TEXTILES ÉCORESPONSABLES

Voici une sélection des labels et certifications les plus connus et utilisés que vous pourrez retrouver sur les étiquettes des vêtements de marques engagées, ainsi que dans leurs campagnes de communication.

OEKO-TEX 100[59] Organic and ecological textiles

C'est un des labels les plus souvent visibles sur les étiquettes. Il certifie que le textile ne contient pas de substances nocives.

GOTS GLOBAL ORGANIC TEXTILE STANDARD[60]

C'est un label international global qui garantit l'origine biologique des textiles. Il atteste également que les procédés de production et transformation du textile sont respectueux de l'environnement et des travailleurs. Ce label ne concerne que les produits textiles fabriqués à partir de fibres biologiques (70 % minimum) et contenant un maximum de 10 % de fibres synthétiques. Les chaussettes, leggings et vêtements de sport peuvent contenir jusqu'à 25 % de fibres synthétiques. Le niveau de certification GOTS textile « biologique » exige un minimum de 95 % de fibres biologiques certifiées.

L'ECOLABEL EUROPEEN[61]

C'est un label écologique volontaire ISO 14024 de type 1, établit par une tierce partie et créé par la Comission européenne en 1992. Il indique que les produits sont respectueux de l'environnement. Le label a pour but de réduire l'impact négatif de la production et la consommation sur l'environnement, la santé publique, le climat et les ressources naturelles.

ECOCERT[62]

Ce label garantit que les vêtements respectent l'environnement tout au long de leur cycle de vie (gestion durable de la culture du coton et de la production de fibres synthétiques, limitation des substances dangereuses pour la santé humaine...).

NATURLEDER[63]

C'est le label du cuir responsable. Il certifie que toutes les peaux utilisées sont issues de l'abattage de boucherie. Il garantit également que les étapes de tannage et de teinture sont réalisées sans intrants chimiques toxiques.

GRS[64] Global Recycled Standard

C'est une norme internationale et volontaire qui établit les critères de certification du contenu recyclé, de la chaîne de contrôle, des pratiques sociales et environnementales et des restrictions au niveau de la composition chimique. Elle vérifie le contenu recyclé des produits finis et intermédiaires.

RDS Responsible Down Standard[65]

C'est une norme internationale et volontaire qui établit les critères de certification d'approvisionnement et d'utilisation de produits animaux tels que les plumes, le duvet, la laine, l'angora, le cachemire et le cuir. Elle permet de garantir le bien-être animal dans la filière cuir et duvet.

FSC® Forest Stewardship Council® [66]

C'est un label et un système de certification international qui promeut une gestion responsable des forêts en veillant à ce que les enjeux sociaux, environnementaux et économiques soient respectés. Le bois est utilisé pour la fabrication de la fibre viscose, l'acétate, le modal ou le caoutchouc naturel. FSC est également un outil de certification pour le bois de construction et d'ameublement des boutiques, les emballages papier/carton ainsi que le liège.

OCS Organic Content Standard

C'est une norme internationale qui s'applique à n'importe quel produit non alimentaire contenant 95 à 100 % de matières biologiques. Elle vérifie la présence et le pourcentage de matières biologiques dans le produit final et suit le flux de matières premières, de l'origine au produit fini.

RWS Responsible Wool Standard

C'est une norme mondiale d'ordre volontaire, qui porte sur le bien-être des moutons et sur la protection de la terre sur laquelle ils paissent. RWS permet de vérifier les pratiques en vigueur dans les exploitations agricoles, ce qui donne aux marques une solution claire leur permettant de faire des allégations sur leur approvisionnement en laine en toute confiance.

CRADLE TO CRADLE[67]

Le concept de cette certification consiste à produire en cycle fermé. On peut le traduire en français par « d'un berceau à l'autre » ou « du berceau au berceau ». Il conceptualise un cycle de vie du produit ou du service à l'infini. Ce concept définit et développe la notion de produits « upcyclables ». Un produit upcyclable, à la différence d'un produit recyclable, maintient « la qualité des matières premières tout au long des multiples cycles de vie du produit ». La notion de déchet est vouée à disparaître puisque tout produit peut être considéré comme une ressource. En repensant tout le processus de production, Cradle to Cradle Certified™ allie le recours aux énergies renouvelables, la compensation des émissions de carbone et le traitement des eaux.

La stratégie écoresponsable de C & A

Charline Ducas dirige le développement de la stratégie d'économie circulaire de C & A, chaîne internationale de magasins de vêtements néerlandaise fondée par August Brenninkmeijer et Clemens Brenninkmeijer. En 2017 l'enseigne lance une ligne de tee-shirts entièrement biodégradables et donc compostables Cradle to Cradle (C2C) Certified™.

D'ici 2030, la population mondiale atteindra 9 milliards de personnes et la nature aura du mal à satisfaire les demandes humaines comme jamais auparavant. Notre vision est de s'éloigner du schéma : prendre, fabriquer, utiliser, et de mettre en place une économie qui nous permette de conserver les ressources aussi longtemps que possible. Cela signifie qu'il est urgent de s'orienter vers une industrie du vêtement qui utilise et réutilise des matériaux sûrs, protège les écosystèmes et offre un travail digne aux personnes qui fabriquent les vêtements. Pour créer le chemin vers une économie véritablement circulaire, nous devons réinventer une grande partie de ce que nous faisons.

C & A existe depuis 1671 et a pour objectif de proposer des vêtements à la mode et abordables pour toute la famille. Nous croyons que tout le monde devrait être capable d'être et de se sentir bien, sans compromettre la vie de ceux qui fabriquent les vêtements ou de la planète auprès de laquelle nous nous approvisionnons. C'est pourquoi nous investissons massivement dans la durabilité, cela fait partie de nos valeurs. Nous avons plus de 3 millions de clients par jour, près de 60 000 employés et plus d'un million de personnes travaillant pour les fournisseurs qui produisent nos vêtements. Nous comprenons l'importance de notre influence et la responsabilité que nous avons de l'utiliser positivement.

En 2015, nous avons développé une stratégie globale avec des objectifs pour 2020 qui intégreraient la durabilité dans l'ensemble de nos activités. Cela nous a permis de mener une stratégie globale centralisée, tout en soutenant la flexibilité dans la façon dont les objectifs sont atteints dans nos marchés de détail pour répondre aux besoins des clients et stimuler l'innovation. Notre travail de développement durable est axé sur les domaines qui sont les plus pertinents pour notre entreprise et sur lesquels nous pouvons avoir le plus grand impact : nos produits, notre chaîne d'approvisionnement et la vie des gens.

Charline Ducas, responsable de la stratégie d'économie circulaire de C & A.

POUR DES TEXTILES ÉTHIQUES

LE LABEL FAIRTRADE MAX HAVELAAR[68]

C'est le premier et principal label du commerce équitable. Il garantit une meilleure rémunération aux producteurs, des conditions de travail en respect avec les conventions de l'Organisation internationale du travail (OIT), l'amélioration des conditions de vie des producteurs et de leurs communautés tout en respectant l'environnement.

La genèse du label *Fairtrade* Max Havelaar

Le label voit le jour en 1988 aux Pays-Bas à l'initiative d'un économiste néerlandais Nico Roozen et du prêtre-ouvrier Francisco Van Der Hoff. Tout débute dans une plantation de café. Le café (tout comme les autres matières premières agricoles telles que le coton, le cacao ou le thé) est soumis à de fortes fluctuations du marché. Cette instabilité des prix, couplée à la dépendance envers les intermédiaires et des chaînes d'approvisionnement longues, joue en défaveur du producteur. L'idée était de mettre au point un modèle de commerce équitable labellisé et basé sur des cahiers des charges rigoureux, pour donner aux paysans les moyens de sortir de la pauvreté par eux-mêmes.
« *Trade, but not aid.* »

Fairtrade/Max Havelaar est désormais le label international de commerce équitable le plus connu dans le monde. Son fonctionnement est unique : les producteurs et productrices sont au cœur du système. Leurs représentants détiennent la moitié des voix et sont présents dans tous les organes et comités de décision importants de *Fairtrade International*. Les audits sont réalisés par un organisme tiers FloCert (4 000 entités auditées en 2017).

Le label est présent dans plus de 30 pays consommateurs et 75 pays producteurs en Asie, en Afrique et en Amérique latine. Il est le plus influent : il bénéficie à plus de 1,66 million de producteurs, productrices, travailleurs et travailleuses défavorisés regroupés dans près de 1600 coopératives[69].

Les garanties du label Fairtrade/ Max Havelaar

Une meilleure rémunération pour les producteurs et les travailleurs agricoles. Il est le seul label à appliquer **un prix minimum garanti**, calculé sur la base des coûts de production durable, et non d'une négociation entre les acteurs. Ce prix agit comme filet de sécurité en cas de chute des prix du marché.

Une **prime de développement** pour financer des projets collectifs économiques, sociaux et environnementaux (amélioration de la production, formations, conversion à l'agriculture biologique, centre de santé, écoles, infrastructures pour les communautés, etc.)

Des **conditions de travail décentes** qui respectent les droits fondamentaux.

L'autonomie des coopératives de producteurs et des travailleurs.

La **protection de l'environnement** : interdiction des OGM et des produits chimiques dangereux, préservation des ressources naturelles.

Ce label vous garantit que 100 % du coton contenu dans votre vêtement est issu du commerce équitable Fairtrade/Max Havelaar (composition 50 % minimum du vêtement s'il comporte plusieurs matières).

Le label Fairtrade Max Havelaar et la filière du coton

Blaise Desbordes, directeur général de l'ONG Max Havelaar France.

La filière du coton fait vivre plus de 50 millions de producteurs-exploitants et 81 % vivent dans les pays en développement. Ces producteurs et productrices doivent faire face à des enjeux colossaux : unique revenu dans certaines régions pauvres du monde, telle l'Afrique sahélienne, une culture fortement dépendante des ressources naturelles notamment l'eau, impact du changement climatique sur les cultures, nombre d'intermédiaires dans la chaîne d'approvisionnement augmentant la pression et réduisant directement leur revenu, manque de stabilité des cours. Ce sont malheureusement les producteurs et les travailleurs qui en sont les plus impactés et les moins armés pour y répondre.

Le label Fairtrade/Max Havelaar est là pour les accompagner, leur garantir un prix minimum qui sert de filet de sécurité en cas de chute des cours de la bourse (par exemple en Afrique de l'Ouest où le prix minimum est supérieur de 30 % aux prix locaux), leur garantir des conditions de travail décentes et les aider à améliorer leurs conditions de vie et celle de leur communauté, (notamment grâce à la prime de développement de 5 centimes d'euros par kilo de coton graine qui permet de financer des initiatives collectives telles que des infrastructures, des centres de soins, des écoles, etc). Le label Fairtrade/Max Havelaar est également là pour les aider à améliorer l'impact de la filière sur son environnement et la rendre pérenne en intégrant des pratiques agricoles durables en privilégiant les cultures sans irrigation (culture pluviale majoritaire) et surtout sans OGM.

La mode écoresponsable gagne de plus en plus de terrain sur le marché du textile et dans l'opinion (médias et réseaux sociaux), mais nous avons encore beaucoup de chemin à faire pour qu'elle devienne une réalité. Secoués collectivement par le drame du Rana Plaza, indignés par les conditions de vie des producteurs et productrices et des conditions de travail des employés et employées de la filière, nous n'avons pourtant pas vu les pratiques drastiquement changer. Aujourd'hui, le coton équitable représente 0,07 % de la production mondiale. Et pourtant, l'offre de coton équitable existe bel et bien. En effet, sur les 20 180 tonnes produites seules 8 125 tonnes de coton fibre trouvent preneurs aux conditions du commerce équitable Fairtrade/ Max Havelaar soit 20 %, le reste doit être écoulé au prix du marché malheureusement. Il y a un vrai décalage, d'une part entre une demande en forte croissance et d'autre part une offre encore de niche pour les consommateurs.

Nous avons bon espoir sur une évolution prochaine du marché, et nous y travaillons chaque jour. Politiquement, le G7 et son *Fashion Pact* montrent que le sujet de la mode durable est tout sauf anodin, mais que les engagements restent très généraux. Nous notons aussi des évolutions structurelles engagées par les jeunes consommateurs et créateurs qui sont finalement à l'origine du mouvement de la mode éthique. Par exemple, orientées aujourd'hui sur la consommation de seconde main par facilité de l'offre, 44 % des personnes âgées de 17 à 26 ans déclarent souhaiter une utilisation accrue de tissus éco-*friendly* dans la mode, selon une étude de l'Institut français de la mode.

C'est à nous, les ONG, les labels, les acteurs engagés, d'encourager et de permettre le changement. Nous espérons notamment que les jeux Olympiques de Paris 2024, qui s'affichent comme responsables, soient une locomotive de communication pour toucher tout un chacun et mobiliser l'ensemble des acteurs pour favoriser une mode respectueuse de ceux et celles qui la produisent.

Blaise Desbordes, directeur général de l'ONG Max Havelaar France

Un acteur déjà engagé avec le label Max Havelaar : Armor-Lux

Depuis janvier 2005, la PME bretonne historique Armor-Lux a choisi de s'impliquer aux côtés de l'association Max Havelaar pour défendre une nouvelle forme de commerce, le commerce équitable, qui vise plus d'équité dans les relations commerciales avec les producteurs marginalisés du Sud. La fibre de coton provient d'organisations de producteurs d'Afrique de l'Ouest et d'Inde. Pionnier dans la démarche du coton équitable, son engagement était légitime par rapport à l'histoire et les valeurs de la marque et sa stratégie de différenciation par la qualité. Il était également cohérent pour un groupe qui bénéficie d'un savoir-faire reconnu dans la fabrication de produits en maille coton et qui a fait le pari de maintenir en France une activité industrielle significative. Armor-Lux bénéficie aujourd'hui de plus de 15 ans d'expérience dans la fabrication et la commercialisation d'articles en coton biologique et équitable labellisés Fairtrade / Max Havelaar. Ses filières d'approvisionnement sont certifiées biologique et équitable. En 2019, 307 références portaient le label Fairtrade/Max Havelaar soit près de 169 917 pièces vendues. Cela représente 7 tonnes de coton fibre, soit 17 tonnes de coton graine, uniquement sur cette année.

Photo de M. Sandinha.

Du côté des producteurs, ce qui a changé dans leur vie

Kedougou, Sénégal

L'Union de secteur des groupements de producteurs de coton de Kedougou, fondée en 2001, est une organisation regroupant 84 groupements de producteurs de coton. Elle se situe dans le Sud-Ouest du pays, dans la région de Kedougou frontalière avec le Mali et la Guinée, l'une des régions les plus pauvres du Sénégal. Certifiée Fairtrade/Max Havelaar depuis 2005, l'US-GPC compte 2 556 membres.

Un tiers de la prime de développement Fairtrade/Max Havelaar est versé à l'US-GPC tandis que les deux tiers restants sont distribués aux groupements de producteurs au prorata des ventes.

L'US-GPC a utilisé la prime de développement notamment pour mettre en place des formations sur le *leadership* des femmes, les bonnes pratiques environnementales, ou encore le *leadership* paysan. L'US-GPC a également investi la prime de développement pour couvrir une partie des frais de fonctionnement de la radio communautaire – moyen de communication utilisé pour partager des informations utiles sur la culture du coton et toute autre information utile à la communauté.

De leur côté, les groupements de producteurs ont notamment utilisé la prime de développement pour construire des magasins de stockage permettant d'éviter de laisser le coton dans des conditions de stockage imparfaites directement dans les champs. Certains villages ont décidé d'acheter des panneaux solaires en vue de leur électrification. Dans d'autres villages, il a été choisi de financer la construction de locaux et l'achat de moulins et leur maintenance, pour diversifier les sources de revenus. Enfin, la prime de développement a été investie dans l'achat de fournitures scolaires, ce qui a permis d'éviter des décrochages scolaires et de réduire le poids financier pour les parents d'élèves.

En 2018, la prime de développement a été intégralement utilisée pour couvrir les frais de certification. En effet, les volumes vendus aux conditions Fairtrade en 2017 ont été faibles et par conséquent la prime de développement perçue a été proportionnellement faible et très inférieure à celle de l'année précédente.

« Si on avait appliqué le volet environnemental du commerce équitable dès le début, on aurait perdu moins de terres. On a perdu la majorité des terres à cause des inondations. Mais on a aussi perdu de grandes surfaces à cause du feu. Là où je suis assis, c'est un cordon pierreux qu'on a mis en place pour lutter contre l'érosion. Avant sa mise en place, toutes ces terres n'étaient pas cultivables. Pour moi, les deux premiers objectifs, c'est que l'environnement soit préservé et que le commerce équitable marche à 100 %. »

Samalé Diallo, producteur de coton du village de N'Débou

VASUDHA – Pratibah, Inde

VASUDHA est une organisation sous contrat de petits producteurs de coton situés autour de la ville d'Indore, dans l'État de Madhya Pradesh en Inde. Organisation sous contrat signifie qu'un « agent promoteur » appuie l'organisation dans son développement. Ici c'est Pratibha Syntex Ltd qui appuie l'organisation VASUDHA.

Chaque année, la prime de développement est utilisée pour fournir aux membres des semences de qualité afin d'éviter les risques d'introduction d'OGM au sein de l'exploitation. L'organisation fabrique également, dans le centre qu'elle a créé grâce à la prime de développement « Vasudha Organic Solution Center » ses propres fongicides, insecticides et suppléments nutritionnels sans produits chimiques et les vend aux membres à un meilleur prix que celui du marché. VASUDHA a installé des systèmes d'irrigation goutte-à-goutte permettant d'économiser 35 à 40 % d'eau. Au total, 80 % des membres de VASUDHA utilisent aujourd'hui ce système.

La prime de développement a également financé la mise en place de centres de formation dans lesquels des cours de confection de vêtements sont donnés aux femmes. L'objectif est de donner à ces femmes la possibilité de travailler dans le milieu du textile, pour qu'elles puissent avoir un revenu primaire ou complémentaire.

L'école VASUDHA Vidya Vihar a été construite en 2009 pour les enfants de producteurs et productrices. Chaque année, une grande majorité de la prime de développement est investie dans les frais de fonctionnement de l'école ainsi que dans le soutien aux élèves et aux familles de producteurs et productrices, via notamment un système de bourses scolaires ainsi que l'achat de bus permettant de faire les trajets domicile-école. Aujourd'hui, plus de 450 élèves fréquentent l'école qui leur offre un enseignement jusqu'à leur 12e année.

Enfin, VASUDHA a également investi la prime de développement pour améliorer la santé et les conditions de vie et de travail. Celles-ci incluent la réalisation de camps médicaux, la construction d'installations sanitaires, la fourniture d'eau potable, la plantation d'arbres, l'installation de lampadaires à énergie solaire et le soutien à une maison de retraite.

Narendre Sherma

« Je m'appelle Narendre Sherma. Je fais partie de Vasudha depuis 2006, mais jusqu'en 2014, je travaillais aussi comme enseignant. C'était nécessaire pour avoir un revenu suffisant. Cependant, ce double emploi était éreintant et ne me permettait pas de produire correctement mon coton. J'ai fait le choix de l'agriculture plutôt que l'enseignement et j'en suis ravi aujourd'hui. La certification Fairtrade est une chose qui m'est chère puisqu'elle a permis à ma famille de vivre dans de meilleures conditions. Non seulement elle m'a offert la possibilité de me concentrer sur la culture du coton et d'en vivre, mais aussi, à travers le projet de création de l'école dans mon village financé par la prime de développement Faitrade, ma femme a pu devenir enseignante dans cette même école et mes enfants y être scolarisés. Mes enfants sont vont donc à l'école, mais aussi les enfants de mes voisins et de l'ensemble de la communauté, ce n'est pas rien !

Maintenant que je peux me concentrer sur mes activités agricoles, je me rends compte de ce que le commerce équitable signifie vraiment et je peux en témoigner. Tout d'abord, je reçois un prix qui me parait convenable pour mon coton, et cela au moment de la vente, pas des semaines plus tard, comme ça pouvait être le cas dans le passé ! Je n'utilise aujourd'hui que des engrais biologiques, que je produis moi-même ou que j'achète à bas prix au centre de production d'intrants biologiques créé par Pratihba. Il en va de même pour les graines de coton. C'est bien la double certification biologique et Fairtrade qui nous a accompagnés dans l'adoption de ces nouvelles pratiques. »

Narendre Sherma,
producteur de Vasudha.

La fabrication française

La fabrication française a rencontré de vives polémiques ces dernières années. En effet, de nombreuses marques jouent avec les mentions auto-déclaratives telles que « *made in France* », « conçu en France », « fabriqué en France » si celles-ci sont usurpées et utilisées à mauvaise escient, ces marques s'exposent à des poursuites, la réglementation française étant précise sur ce qui peut être marqué ou non « Fabriqué en France ». Cependant, la DGCCRF (Direction générale de la Concurrence, de la Consommation et de la Répression des fraudes) ne peut être derrière chaque étiquette. Heureusement, il existe aussi d'autres labels et certifications qui s'engagent à garantir l'origine précise de la fabrication des produits français afin de clarifier les choses.

EPV (LE LABEL ENTREPRISE DU PATRIMOINE VIVANT)

Le label EPV, rattaché au Ministère de l'Économie et des Finances, est le seul label d'État. Il reconnaît à une entreprise française de produire en interne, tout ou partie importante et significative de sa fabrication, grâce à des savoir-faire industriels ou artisanaux de haute technicité. Mis en place en 2006 et ne concernant pas seulement le secteur de la mode, le label EPV gagne sa notoriété, surtout à l'international, par la qualité du processus de sélection. Aux critères existants et appliqués depuis 2006 (savoir-faire complexe, ancrage territoriale, transmission des savoir-faire), l'État vient notamment d'y adjoindre par le décret n°2020 – 67 publié au JORF du 30 janvier 2020, celui d'une démarche de responsabilité sociétale, qu'un grand nombre d'entreprises labellisées EPV appliquent déjà.

Le label EPV doit être renouvelé tous les 5 ans, mais peut être retiré à une entreprise qui ne respecterait plus les conditions lui ayant permis de l'obtenir. La procédure d'attribution du label EPV est menée par des experts indépendants appliquant un processus de sélection garantissant une démarche d'excellence des entreprises labellisées.

ORIGINE FRANCE GARANTIE[70]

Créé en juin 2010, cette certification simple et compréhensible par tous est le résultat d'une démarche collective d'acteurs souhaitant œuvrer ensemble à la promotion du « produire en France » et à la valorisation des savoir-faire industriels et artisanaux.

Origine France Garantie est une certification attestant l'origine française d'un produit. Elle s'applique à tout secteur et elle est réalisée par un organisme certificateur indépendant. La certification Origine France Garantie assure aux consommateurs la traçabilité du produit en donnant une indication de provenance claire et objective. L'obtention de la certification se fait sur deux critères cumulatifs que les entreprises doivent nécessairement satisfaire pour l'obtenir : entre 50 % et 100 % du prix de revient unitaire est français et le produit prend ses caractéristiques essentielles en France.

FRANCE TERRE TEXTILE

Le *made in France* est défini par le Code des douanes. Selon le produit, le Code des douanes pioche dans l'une de ces étapes de production pour définir laquelle de ces étapes confère son origine au produit (le fameux *made in France*). C'est la confection qui est souvent retenue. Pour la filière textile française, cette règle n'est

pas suffisante : la fabrication d'un article textile va au-delà d'une seule étape de production.
Le label France Terre Textile va plus loin et propose une alternative plus contraignante et plus transparente que le *made in France*. Pour qu'un produit puisse être labellisé France Terre Textile, 75 % des étapes de fabrication au minimum (la création, la filature, le tissage ou tricotage), l'ennoblissement, la confection doivent être réalisées en France au sein d'entreprises auditées tous les 3 ans sur des critères RSE (qualité, environnement et éthique).

LA MAISON DU SAVOIR-FAIRE ET DE LA CRÉATION

Initiée en 2011 et financée par les organisations collectives du secteur, son objectif principal est de valoriser les entreprises françaises de fabrication travaillant pour la mode et le luxe, et le vêtement en général. Structure transversale aux différents acteurs de ce secteur, la maison permet de découvrir la richesse du patrimoine manufacturier français, qu'il soit traditionnel ou innovant, savoir-faire rare ou plus courant, notamment grâce à la mise en place d'une plateforme répertoriant les fabricants français.
Quotidiennement aux côtés des fabricants français depuis plusieurs années, la maison peut témoigner de l'énergie et de l'implication que ces derniers mettent en œuvre pour fabriquer des vêtements en partageant un certain nombre de valeurs sociales et environnementales. C'est dans cette perspective, et aussi pour rassurer les clients finaux, qu'elle travaille à la mise en place de la traçabilité par l'intermédiaire d'une blockchain, afin que ceux qui font et qui font bien, soient aussi reconnus..

Made in France ou *Made in China* ?

Les marques sont très souvent pointées du doigt parce qu'elles fabriquent en Chine ou dans des pays d'Asie du Sud-Est, au lieu de favoriser des usines plus proches en Europe ou dans les pays méditerranéens. Il est vrai que le transport des produits finis compte pour beaucoup dans le bilan carbone de l'industrie textile. Pourtant, il est important de considérer tous les autres aspects de la production. Un produit peut être composé de la meilleure matière textile du monde et être assemblé dans la pire des usines et inversement. Le plus important reste l'engagement de la marque et la transparence sur sa chaîne d'approvisionnement.
La confection en Asie évolue rapidement. Des initiatives locales comme celle de la Sustainable Textile of the Asian Region (STAR[71]) poussent l'industrie à améliorer ses pratiques pour monter en gamme et gagner des parts de marché. Beaucoup reste à faire, mais les salaires augmentent et les contrôles se multiplient. Au contraire, on assiste à une dégradation des

conditions de travail dans des ateliers très proches de la France, comme en Turquie. La presse a rapporté les témoignages de réfugiés syriens mineurs, employés par des ateliers clandestins livrant de grandes marques de prêt-à-porter[72].

Passer à du textile 100 % *made in France* serait aujourd'hui impossible. Le pays ne possède plus assez de machines et le savoir-faire se trouve ailleurs. Quand bien même ils seraient rapatriés, serions-nous prêts à en payer le prix ? Le fabricant de tablier Marcel et Jean explique ses tarifs sur son site[73]. Il compare les salaires mensuels, embaucher en France coûte 7 fois plus cher qu'en Indonésie.

Le textile est une industrie mondialisée, qui fait vivre des millions de travailleurs dans les pays émergents et améliore, malgré tout, leurs conditions de vie.

La production éthique d'une marque est donc quelque chose de complexe à évaluer. Juger sur le seul critère du pays de production n'est pas suffisant.

Vérification des lieux de production dans le respect des droits humains

Voici des exemples d'initiatives, d'organisations et d'associations qui accompagnent des entreprises pour vérifier et faire respecter les conformités sociales dans leurs chaînes d'approvisionnement.

FAIR WEAR FOUNDATION[74]

Fair Wear est une organisation qui travaille avec les marques de vêtements pour trouver une meilleure façon, plus équitable, de fabriquer des vêtements, en mettant l'accent sur les droits des travailleurs. Leur code des pratiques du travail identifie huit normes du travail, qui sont conformes aux conventions de l'Organisation internationale du travail et à la Déclaration universelle des droits de l'homme.

Amfori BSCI Business Social Compliance Initiative[75]

C'est un système qui permet à ses membres de surveiller et d'améliorer les conditions de travail dans leurs chaînes d'approvisionnement, en leur offrant les outils nécessaires pour exercer une diligence raisonnable en matière de droits humains - identifier et atténuer les risques dans les chaînes d'approvisionnement et soutenir les mesures correctives.

DAWN, une marque de jeans écoresponsables fabriquée au Vietnam dans le respect de ses salariés

Témoignage de l'équipe RSE (Responsabilité Sociétale des Entreprises) de Supervision Lab

DAWN est une marque de jeans écoresponsables qui est produite dans une usine vietnamienne à Hô Chi Minh dans laquelle les droits des travailleurs ont été contrôlés par Fair Wear Foundation.

Travaillant dans l'industrie de la mode depuis longtemps, il nous semblait évident que les modes de fabrication de vêtements devaient changer. Afin de prouver au monde qu'il est possible de produire la mode d'une façon qui respecte la planète ainsi que les personnes fabriquant les vêtements, nous avons fondé DAWN. Pour nous, le moyen le plus évident d'avoir un impact direct sur la production et les conditions de travail a été d'ouvrir notre propre usine. Nous avons donc déménagé à Saigon au Vietnam pour produire des collections de denim (jeans). Nous avons agrandi une vieille usine et nous nous sommes lancées dans une nouvelle aventure pleine de défis entrepreneuriaux, d'apprentissages culturels et parfois aussi d'expériences désagréables.

Depuis la fondation de DAWN, tout ne fonctionne pas parfaitement, car cette industrie est difficile. Nos efforts et nos approches sincères représentent peu de choses si on les compare avec les campagnes à grandes échelle de nos concurrents. En plus de ces difficultés de communication, nous devons aussi surmonter des obstacles économiques. Nous essayons toujours de développer des tissus dotés d'une très bonne qualité avec un bon équilibre écologique. Pourtant, pour chaque nouveau développement, les tisseurs exigent une quantité minimum d'achat élevée. Il s'agit d'une recherche d'équilibre constante entre l'idéalisme et les limites de la réalité.

Nous nous efforçons de fabriquer aussi écologiquement que possible et nous expérimentons de nombreux tissus. Contrairement à ce que l'on croit, le coton conventionnel n'est pas particulièrement durable, car il faut utiliser des quantités d'eau énormes pour le produire, sans oublier les grosses quantités de pesticides et de fongicides qui sont vaporisés sur les champs de coton. C'est pourquoi, nous utilisons d'autres matières comme le Tencel. Il s'agit d'une fibre de cellulose fabriquée à partir d'arbres issus de forêts à croissance rapide, comme les eucalyptus, et qui sont cultivés dans des forêts gérées de façon responsable. Cependant, parfois le matériel lui-même impose des limites. Il n'est pas encore possible de fabriquer un pantalon entièrement composé de coton recyclé, car les fibres seraient trop courtes et il pourrait donc facilement se déchirer. En outre, nous utilisons davantage de procédés de finition durables. Nous recherchons des boutons recyclés pour nos collections ou nous revalorisons des jeans qui ont des petits défauts afin d'économiser des ressources.

Mis à part l'aspect environnemental, une de nos principales motivations sont les conditions de travail. Il est important pour nous d'être à l'écoute de nos employés et de développer un dialogue avec eux afin d'apprendre ce qui compte pour nos équipes de production et les manières de nous améliorer. Nous avons instauré un salaire minimum vital et nous avons mis en place une cantine, ainsi qu'un bar à vitamines. Nous avons aussi proposé des massages et des espaces pour l'entraînement afin d'améliorer le bien-être de nos employés. En toute honnêteté, nous ne voulons pas donner l'impression que nous sommes parfaits, bien que nous essayons de faire des améliorations dans les procédés de production. Nos cadres font beaucoup trop d'heures supplémentaires.

En planifiant les créneaux de livraison pour les ventes, notre équipe de production est avec nous en réunion. Pourtant, un atelier de couture peut toujours être débordé aux périodes de pointe. Le travail n'est pas terminé et nous continuons de nous améliorer. Ceci dit, il nous a fallu du temps pour surmonter nos inhibitions afin de promouvoir notre marque et sa durabilité en toute confiance. Maintenant, nous avons compris qu'il faut oser parler plus fort étant donné que les plus grands fabricants ayant des budgets de marketing considérables, sont fiers de revendiquer leur démarche durable même si seulement un petit pourcentage de leur collection a été fabriqué plus écologiquement.

De temps en temps, nous vivons des moments qui nous donnent un nouvel élan. En 2018, nous avons rejoint la Fair Wear Foundation qui évalue la durabilité sociale de notre production et avons reçu 100 points sur 100 pour notre Brand Performance Check (contrôle de performance des marques). Nous sommes fiers de ce résultat, car aucune autre entreprise n'a obtenu un score aussi bon dans leur tout premier contrôle. Un tel retour positif nous encourage à continuer de nous améliorer et de faire preuve de leadership dans notre industrie. Nous voulons prouver aux entreprises qu'elles peuvent fonctionner de manière écoresponsable et permettre à chaque personne impliquée de profiter du succès de l'entreprise. Pour nous, DAWN signifie le début d'une nouvelle époque dont le monde a besoin de toute urgence.

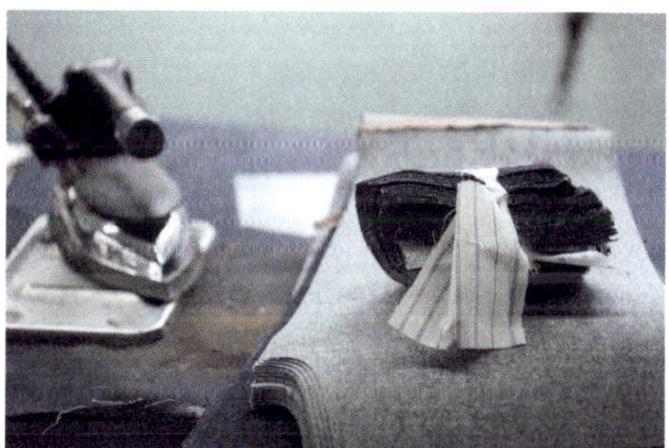

Photos des ateliers de la marque écoresponsable DAWN.

ACHETER DE LA QUALITÉ

Si le neuf est la seule option d'achat, il est important de privilégier les vêtements de qualité. Composés de matières durables, et confectionnés avec soin, ils sont souvent plus onéreux que les vêtements des grandes enseignes de la *fast fashion*. Mais acheter moins permet d'acquérir des pièces de meilleure facture, plus durables. N'hésitez pas à investir dans des basiques indémodables : faire durer et porter sa garde-robe le plus longtemps possible, c'est être un consommateur responsable.
Dès lors, comment faire pour bien choisir ses vêtements de qualité ? Premier indice, le prix n'est pas toujours un indicateur fiable... Nous avons déjà évoqué les labels, il est temps de nous intéresser aux matières et aux finitions de vos vêtements.

Critères fondamentaux pour acheter un produit neuf éthique et durable

La qualité du produit est le critère numéro 1

Un produit de qualité a une empreinte écologique et sociale réduite, car c'est un produit qui dure. Vous allez pouvoir le porter plus longtemps : son étoffe, sa forme vont mieux résister au temps, aux lavages, et à l'usure. Comment reconnaître cette perle rare ? Pas forcément à son prix, mais à de simples vérifications.
Observez tout d'abord le tissu. Est-il agréable au toucher ou est-ce qu'il est rêche ? Essayez-le pour confirmer votre impression. Est-ce qu'il est agréable à porter ? Est-ce qu'il épouse vos formes ? Est-ce qu'il sent le produit chimique ? Est-ce qu'il est lourd et dense ou au contraire léger, avec de petites éraflures, de petites bouloches ? Rappelez-vous que les tissus ajourés supportent mal les lavages (à moins d'utiliser un filet de lavage).
Jetez ensuite un coup d'œil aux coutures (ourlets, doublures, surpiqûres, surjets) pour évaluer leur niveau de qualité et donc de durabilité de votre vêtement. Si les coutures et les ourlets gondolent, tiraillent, se retroussent, ça n'est pas bon signe. Si des fils s'en échappent non plus. Les petits points de couture maintiennent le tissu plus solidement que les points longs. Les surjets[76], où deux rangées de points sont renforcées par des boucles qui maintiennent les tissus, sont un gage de qualité. Si les tissus commencent à se séparer quand vous tirez dessus, vous avez à faire à un vêtement médiocre. Les vêtements dotés de marges de couture (bords cousus) plus larges seront plus

faciles à mettre à vos mesures, et suivront mieux vos mouvements.
Inspectez et tirez sur les boutons et les coutures intérieures et extérieures pour voir s'ils tiennent bien. Vérifiez s'il y a une doublure pour votre veste ou votre jupe, ce qui est signe de meilleure qualité.[77]

Évaluer la qualité d'un vêtement en magasin

Les finitions pour renforcer les coutures

Finition de qualité sur pantalon de ville. Couture ouverte et surjet.

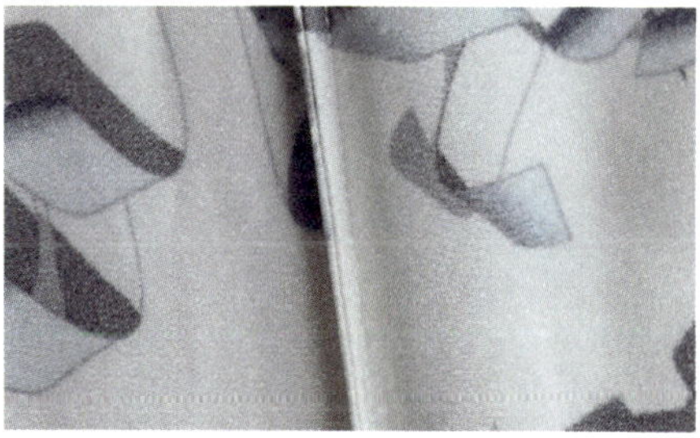

Finition de qualité sur jupe. Couture anglaise.

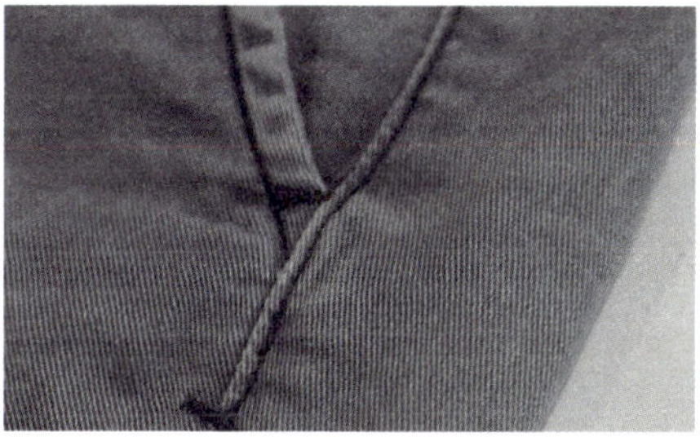

Exemple de renfort de poche avec piqûre appelée bartak.

Les coutures intérieures

Finition de mauvaise qualité avec un glissement de couture à l'intérieur d'une emmanchure de chemise.

Tirez sur les coutures intérieures au niveau des épaules. Si la lumière du jour passe, c'est que la couture aura tendance à glisser et se déchirer.

L'ourlet invisible

On le trouve souvent en bas des jupes et pantalons, il est gage de qualité quand il est bien fait. Vérifiez qu'il soit bien invisible à l'extérieur du vêtement. Vérifiez le bon réglage de la tension en tirant légèrement pour voir si le fil ne casse pas.

Intérieur du vêtement.

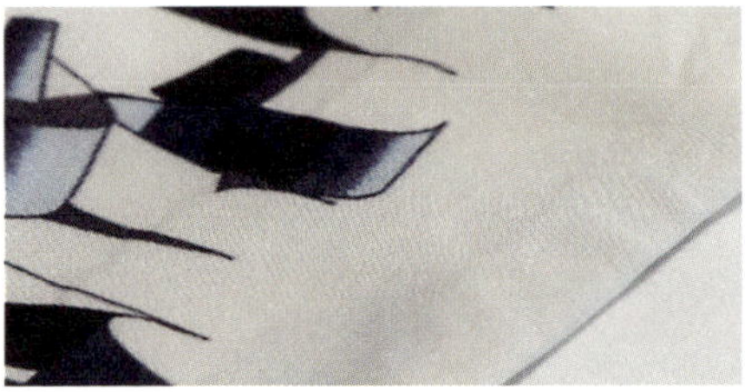

Extérieur du vêtement.

Les boutons

Pour vérifier si la pose d'un bouton est de bonne qualité, ouvrez et fermez le vêtement plusieurs fois, c'est aussi valable pour les fermetures Éclair. Regardez si le bouton ne tombe pas et si la couture de celui-ci n'est pas lâche.

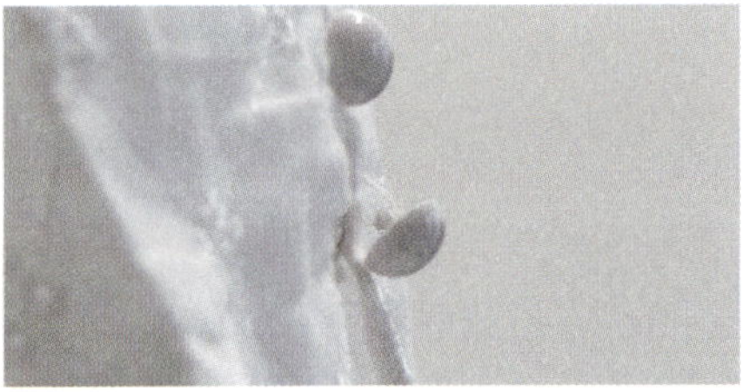

Bouton lâche prêt à tomber.

Pose de bouton de qualité.

Les boutonnières

La propreté de la boutonnière permet de donner un indice sur la qualité, s'il y a de nombreux petits fils qui dépassent, c'est que le vêtement manque d'un contrôle final de qualité.

Boutonnière de mauvaise qualité.

Boutonnière propre de bonne qualité.

Les coutures aux fesses

Regardez la couture de fourche intérieure au niveau de votre fessier. Si vous trouvez une double piqûre et que vous ne voyez pas à travers le tissu, c'est alors bien maintenu et signe de bonne qualité. Un simple surjet et la lumière en transparence seront signes de mauvaise qualité.

Simple piqûre surjet au niveau des fesses, la couture s'écarte et risque de craquer.

Finition de qualité solide au niveau des fesses.

Le boulochage de la maille

Si le vêtement comporte déjà des bouloches en magasin, ça n'ira pas en s'arrangeant. Malheureusement, raser le vêtement pour couper les excédents de fibres reste la seule solution, mais cela fragilise la matière. Si la matière bouloche sans avoir subi de frottements, le tissu est de mauvaise qualité.

Matière qui risque moins de boulocher.

Matière fragilisée, boulochée.

Évaluation des matières les plus impactantes pour l'environnement

A+	Le lin bio, les fibres recyclées dont le polyester, le chanvre bio
A	Le Tencel ou Lyocell, le coton bio, la laine bio, la soie bio, le coton pima, l'Abaca, le Pinatex
B	Le lin conventionnel, le ramie, le chanvre conventionnel
C	Le polyester, l'acrylique, le modal
D	Le coton conventionnel, la viscose, le modal

Source : cabinet Brown and Wilsman.

La composition

Votre meilleur ami est l'étiquette. Elle est apposée sur chaque vêtement et présente plusieurs informations importantes :

- Les matières de composition : il peut y en avoir plusieurs si le vêtement est composé de différents tissus (ex. : partie principale du vêtement : 100 % laine, et doublure : 100 % polyester) ou si la matière combine plusieurs fibres différentes (ex. : 70 % coton et 30 % soie). Beaucoup de mélanges de fibres, surtout synthétiques, est un signe de moins bonne qualité car elles auront tendance à vieillir différemment. Une grande part de matière naturelle est au contraire gage de stabilité. Attention à ne pas faire l'amalgame entre qualité et empreinte environnementale. Une matière de haute qualité peut être toute aussi polluante qu'une matière de basse qualité.
- Le lieu de fabrication principal du vêtement.
- Les conseils pour entretenir le vêtement grâce à des pictogrammes ou du texte explicatif (cf. partie conseils pour une garde-robe 100 % éthique, durable et stylée, page 116).

Alors matières naturelles ou synthétiques ? L'issue du match n'est pas aussi prévisible qu'on l'imagine... On pense souvent spontanément que les matières naturelles comme le coton sont un meilleur choix. Elles sont issues de matières premières naturelles, directement depuis une plante, contrairement aux matières synthétiques qui proviennent de la transformation du pétrole. Pourtant, nous avons vu que leur culture pouvait être particulièrement

désastreuse pour l'environnement. Les matières synthétiques sont plus abordables pour les petits budgets, et leur performance n'est plus à prouver. Pourtant, elles ne sont pas neutres pour notre santé.
Voici quelques pistes pour s'y retrouver.

Les matières naturelles

- Privilégiez les fibres bio labellisées : coton, soie ou laine, elles sont plus respectueuses de l'environnement et de votre santé. Pensez aux matières naturelles autres que le coton : lin et chanvre sont biodégradables et beaucoup plus économiques en eau que le coton. Ce sont des plantes résistantes, qui ne nécessitent pas beaucoup d'intrants chimiques (voire pas du tout). Choisir le lin, c'est aussi favoriser l'économie locale : la France est aujourd'hui le premier producteur mondial de cette fibre[78].
- Limiter les achats de matières issues de l'exploitation animale. Les industries du cuir et de la fourrures restent aujourd'hui peu responsables. En plus de la souffrance animale inévitable, elles ont un impact très important sur les réseaux hydriques (pollution et forte consommation d'eau).

Les matières synthétiques et artificielles

- Privilégiez les matières recyclées : de nombreuses marques comme Patagonia proposent aujourd'hui des vêtements en fibres recyclées.
- Pensez alternatif, mais avec précaution : il existe des fibres artificielles d'origine végétales dites « alternatives », comme le Lyocell. Leurs propriétés sont intéressantes (biodégradabilité, infroissabilité) mais leur fabrication reste très polluante et consommatrice en ressources. La marque déposée Tencel s'est distinguée en s'engageant à sourcer sa cellulose dans des forêts certifiées FSC® (Forest Stewardship Council®), et donc gérées de façon durable.
- Limitez les achats de matières synthétiques : polyester, acryliques, Spandex et autres. De nombreuses études montrent que toutes sont émettrices de substances toxiques, comme des perturbateurs endocriniens et des allergènes.

Depuis 2008, l'atelier Main Gauche certifié GOTS s'inscrit dans une démarche écoresponsable qui privilégie les fibres recyclées ou biologiques. L'entreprise est également membre de l'organisation 1 % for the Planet. Main Gauche tente tous les jours de rendre l'industrie plus durable en proposant aux plus grandes entreprises, marques et associations des produits pour leur communication textile avec un seul objectif : la qualité au service de la durabilité.

Les limites actuelles des matières recyclées

La fibre recyclée est obtenue en fondant le plastique existant et en le refilant en une nouvelle fibre de polyester. Le fait de réutiliser des matières semble une bonne idée. Certaines marques récupèrent du plastique dans les océans pour en faire de nouveaux produits. Pourtant, il est loin d'être une solution miracle. Le processus de recyclage est plus lourd en termes d'impact que la production initiale de fibre synthétique. Il consomme plus d'énergie et d'intrants chimiques. Il libère également d'importantes quantités de micro-plastiques. Une matière recyclée dans de mauvaises conditions peut enfin être dangereuse pour la santé car elle laisse des produits toxiques dans les fibres.
Les vêtements 100 % polyester ne peuvent pas être recyclés éternellement. Le processus de refonte dégrade les fibres, c'est pour cela qu'elles doivent être mélangées à des fibres neuves. Or souvent, le fait de les mixer avec d'autres fibres les rend impossible à réutiliser. Le vêtement ne pourra plus être recyclé[79].
Même chose pour le coton : un tissu recyclé à 100 % pour le textile-habillement n'existe pas encore. Pour garantir une fibre de bonne qualité, il faut le couper avec du coton neuf, ou faire un polycoton (= fibres de coton + fibres de polyester).

Les motifs, cousus ou imprimés ?

Afin de conserver votre vêtement plus longtemps, choisissez un motif tissé directement dans la matière (jacquard), ou une broderie, plutôt qu'un motif imprimé. Les impressions peuvent être de diverses qualités. La sérigraphie ou l'impression numérique résistent mieux qu'un flocage ou transfert[80].

Broderie sur textile.

Sérigraphie.

Impression numérique.

Transfert ou flocage.

Exemple de techniques d'impression d'un motif placé sur des produits proposés par la société Main Gauche.

Imprimé ou tissé ? Pour le savoir, regardez l'envers du tissu. Si le motif apparaît de l'autre côté du textile, il s'agit d'un motif tissé. Sinon, il est imprimé.

Payer le juste prix

En règle générale, le prix élevé d'un produit est un indice de qualité. Un tee-shirt à moins de 9 € ou un jean à 30 € ont très probablement été produits dans des conditions sociales et environnementales douteuses.
Il faut cependant rester vigilant face aux marques et leur politique de prix haut de gamme. Beaucoup d'enseignes connues sont impactées par la concurrence de la *fast fashion*. Derrière un *marketing* soigné, elles ont dû réduire leurs marges et compresser leur coûts pour rester compétitives. Les variables d'ajustement sont la responsabilité sociale et environnementale, mais aussi le rapport qualité/prix. C'est pourquoi même dans un magasin renommé, n'hésitez pas à passer les vêtements au crible pour vous assurer de la qualité de la confection.

Le prix peut être un indice de qualité si l'entreprise a une stratégie de responsabilité éthique et environnementale claires, vérifiables par des labels et des certifications. Ainsi, des marques très investies dans l'écoresponsabilité, comme Patagonia, Armor-Lux ou Veja, proposent des produits plus onéreux que la moyenne. Leur stratégie et leur concept de marque consistent à proposer la meilleure qualité de produit tout en réduisant leur impact social et environnemental. Le facteur prix est alors justifié.

Décomposition du prix d'un tee-shirt

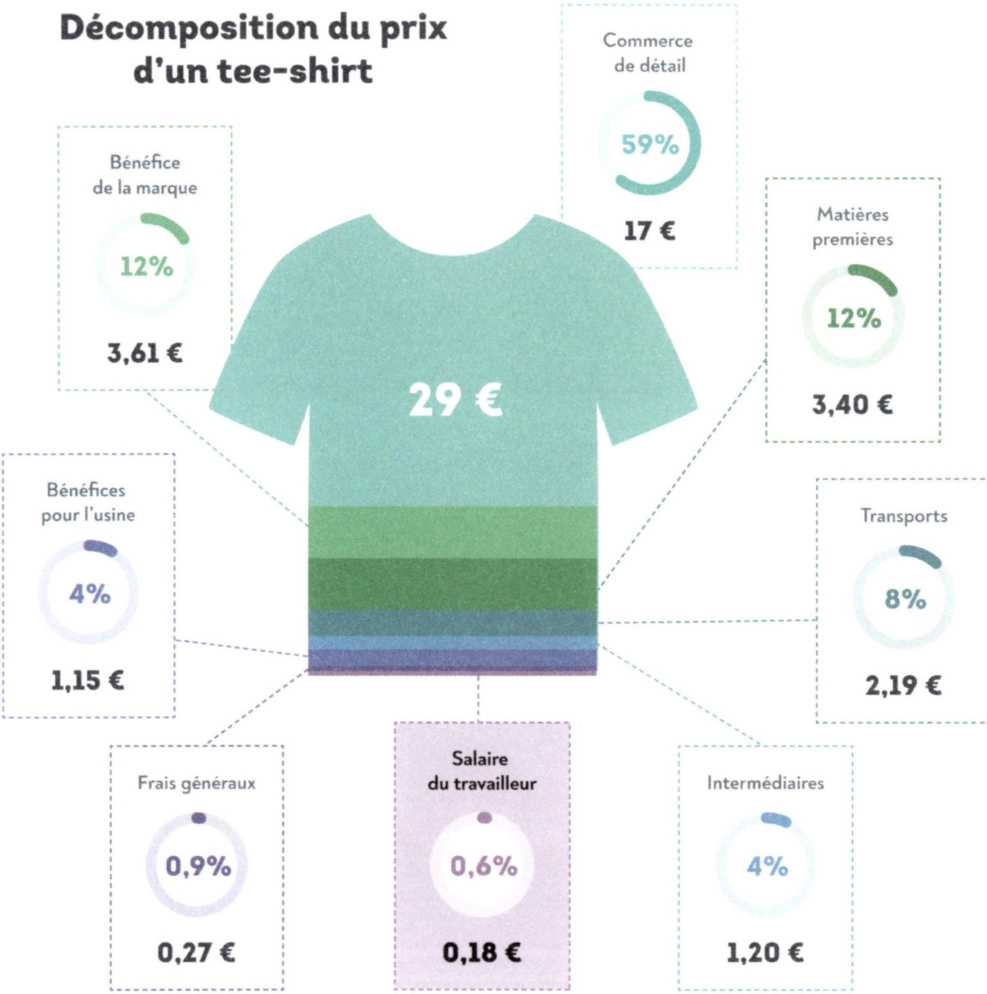

Décomposition du prix du tee-shirt réalisé par le Collectif Éthique sur l'étiquette sur la base des informations collectées auprès de la Fair Wear Foundation.

FOCUS

La face cachée des soldes[81]

Rendez-vous très attendu par les consommateurs, les soldes ont longtemps permis aux commerçants d'écouler leurs invendus à prix bradés voire à perte. C'est le moment pour le public de faire des bonnes affaires, et pour les enseignes de donner de la visibilité à leur nouvelle collection. Malheureusement, les soldes ont engendré une distorsion dans l'esprit des consommateurs quant à leur perception réelle du prix et de la qualité d'un produit. Éric Mertz, président de la Fédération nationale de l'habillement déclare que « le client est désormais devenu habitué à acheter une remise plutôt qu'un article ». Les périodes de soldes ont pris tellement d'ampleur, qu'elles sont devenues problématiques. En juin 2015, un documentaire diffusé sur France 5 intitulé : « Soldes : tout doit disparaître », réalisé par Rémi Delescluse révèle la face cachée des soldes. Il montre les pratiques déloyales des grandes marques pour accroître leur rentabilité. Certaines fabriquent des pièces spécialement pour les soldes. Leur qualité et leur prix sont moindres pour donner l'illusion que c'est un produit soldé. Pour réaliser des économies d'impôts et maintenir leur image de marque, d'autres groupes détruisent leurs stocks d'invendus. Sur 60 millions de vêtements détruits, seuls 5 millions ont pu être récupérés par des associations. Cette destruction systématique est désormais sanctionnée pénalement, grâce au projet de loi anti-gaspillage adopté le 30 janvier 2020[82]. Afin de rester compétitives, les marques sont contraintes de gonfler leurs marges pour éponger les pertes des ventes en soldes.
Elles pratiquent donc des prix plus élevés le reste de l'année.

Jules & Jenn, une marque de mode responsable et accessible

Jennifer Maumont a fondé Jules & Jenn avec son compagnon, Julien Maumont. Ils ont commencé leurs carrières dans de grandes entreprises, puis ils se sont tournés vers des structures de plus en plus petites jusqu'à finalement fonder leur propre marque de sacs, chaussures et accessoires de mode responsable.

Chez Jules & Jenn, nous proposons des chaussures, sacs et accessoires en cuir intemporels. Nous ne pratiquons pas de soldes sur nos produits pour la simple et bonne raison que nous les vendons déjà au meilleur prix tout au long de l'année. Nous appliquons des marges raisonnables et les vendons directement sur notre site Internet, sans passer par des distributeurs.

Pour nous, le prix juste est celui qui nous permet de choisir les meilleures matières pour nos produits, de rémunérer correctement les artisans qui réalisent nos articles et d'assurer un service idéal à nos clients. Et comme ces coûts restent les mêmes du 1er janvier au 31 décembre, nos prix restent aussi les mêmes tout au long de l'année !

Nous faisons partie de la tendance *slow fashion*, qui œuvre en faveur d'une mode durable, plus respectueuse de l'homme et de la planète... Une nouvelle vision de la mode, plus équitable, dont l'objectif est notamment d'améliorer les impacts environnementaux et sociaux de l'industrie textile. Pour y contribuer, nous utilisons notamment du plastique recyclé, des chutes de pneus, du cuir européen... et nous fabriquons en Europe (France, Espagne, Italie, Portugal).

Le concept de mode durable repose sur un retour à l'essentiel en achetant moins mais mieux. Nous participons à cette petite révolution dans ce secteur de la mode en proposant des pièces intemporelles, ayant vocation à traverser les saisons. Ainsi, nos accessoires en cuir fabriqués main par des artisans passionnés ne se démodent pas et n'ont donc pas besoin d'être soldés.

En dévoilant, en toute transparence, l'ensemble de nos coûts de fabrication et de service – comme par exemple pour notre sac cabas – vous pouvez voir que chez Jules & Jenn, c'est à chaque commande que vous faites de belles affaires !

Jennifer Maumont, co-fondatrice de Jules & Jenn.

Photos de la marque d'accessoires écoresponsables Jules & Jenn.

Olly, une marque de lingerie intemporelle

Derrière Olly, se cachent Mathilde de Sacy et Clémentine Girard, deux amies qui ont un jour imaginé une marque de lingerie en coton bio, dentelle recyclée et confectionnée en Europe.

Chez Olly, nous proposons la lingerie dont nous rêvons : saine, éco-*friendly*, confortable mais aussi très féminine. La dimension écoresponsable est au cœur de notre marque, depuis sa création en 2016. Nous accordons également beaucoup d'importance au *design* de nos produits, car nous sommes persuadées que la grande majorité des consommateurs ne sera prête à acheter éthique que si, en plus d'être convaincue par la démarche, elle est séduite par le style des produits. Ainsi, notre lingerie est à la fois désirable, responsable et très confortable. Pour confectionner nos culottes et nos soutiens-gorge, nous utilisons du coton biologique labellisé GOTS et des dentelles en fibre recyclée avec des teintures sans produits nocifs, labellisées Oeko-tex 100. La fabrication a lieu en Hongrie, un pays classé à faible risque par le BSCI, dans un atelier dans lequel je me rends régulièrement. En utilisant des matières naturelles et recyclées et en ayant fait le choix d'une production européenne, nous essayons de proposer à notre clientèle la lingerie la plus respectueuse de l'environnement et de la santé possible.

Notre engagement pour l'écologie passe non seulement par nos choix de matières et de fabrication, mais aussi par notre politique commerciale. Afin de ne pas inciter à la surconsommation, nous avons décidé de ne pas faire de soldes. Pour cette raison, nous ne fonctionnons pas par collection ; nos modèles sont pensés comme des intemporels, faits pour durer et ils n'ont pas besoin d'être bradés à la fin de la saison. Cela nous permet également de proposer à notre clientèle des prix justes toute l'année.
Nous prêtons attention aux détails et nous essayons de toujours nous améliorer dans notre démarche écoresponsable : par exemple, nos commandes sont préparées par des personnes en réinsertion professionnelle, expédiées dans un packaging recyclable et recyclé et notre livraison est neutre en carbone.

Mathilde de Sacy, co-fondatrice d'Olly.

Photos de la marque écoresponsable Olly, Maeva Delacroix.

Conclusion

Aujourd'hui, bien que les habitudes de la *fast fashion* soit ancrées dans nos vies, il est possible de faire machine arrière, et d'acheter autrement. Les marques sont de plus en plus mises face à leurs responsabilités, rendant l'information sur leur engagement facilement disponible. Avant de craquer pour un joli vêtement, menez votre enquête. Vérifiez les engagements de l'enseigne qui vous plaît, l'obtention de labels, certifications, si toutes ces indications ne sont pas mentionnées sur l'étiquette ou l'emballage. Vous avez aussi la possibilité de contacter directement la marque en lui posant toutes vos questions. Une marque responsable sera toujours disponible pour vous répondre et vous donner des informations précises sur sa production. Lorsque vous êtes en magasin, inspectez les matières et les finitions pour obtenir le meilleur rapport qualité-prix. En complément, vous pouvez suivre des blogs, des pages ou autres sites d'informations pratiques traitant de mode écoresponsable. Certains se sont spécialisés et sont vraies mines d'informations (cf. carnet Carnet d'adresses pratique, page 143).

La balle est à présent dans votre camp ! Vous avez toutes les informations en main pour devenir un « consomm'acteur » et reprendre le pouvoir sur votre *dressing*. À vous de vous les approprier progressivement, et de les mettre en pratique lorsque c'est possible. Mettre en place une démarche responsable (quelle qu'elle soit) prend du temps. Ne vous découragez pas si vous avez cédé à la tentation d'un petit top soldé en acrylique. L'important est que, sur le long terme, de nouvelles habitudes s'imposent. Vous le savez, vos choix d'aujourd'hui feront la mode de demain.

Silhouettes de la marque écoresponsable Misericordia, photos de Misericordia-Aurelyn.

Une application pour mieux choisir ses vêtements

Rym Trabelsi est co-fondatrice de Clear Fashion, la nouvelle application mobile qu'elle a lancée avec Marguerite Dorangeon. Elle vous permet de recevoir des informations relatives aux engagements des marques de mode et d'analyser l'impact des vêtements en fonction de plusieurs thématiques.

Sachant que chaque année plus de 130 milliards de vêtements sont fabriqués dans le monde, Marguerite Dorangeon et moi-même, alors étudiantes, avons choisi d'étudier les impacts du secteur de la mode sur la planète. Ce secteur, très opaque et mondialisé, regorge de problématiques sociales et environnementales majeures (ex : 70 % des cours d'eau en Chine sont pollués à cause de l'industrie textile, l'OIT parle d'esclavagisme moderne ou encore de travail des enfants...)
En tant que consommatrices, nous avons été bouleversées et nous sommes demandées comment agir pour transformer ce système néfaste pour l'humain et l'environnement.
La meilleure solution serait de ne pas participer à cette économie en n'achetant plus ou en privilégiant la seconde main. Néanmoins, il nous faut parfois acheter des vêtements neufs. Dans ces moments-là, quels vêtements choisir pour réduire notre impact sur la planète ? Comment savoir si le jean que je souhaite acheter a été fait dans de bonnes conditions de travail ?

En tant que clients, nous avons le pouvoir de soutenir les marques qui ont fait des choix de production responsables et inciter les autres à changer leurs pratiques.
Toutes deux ingénieurs, Marguerite et moi, nous sommes lancées dans la création d'une solution permettant aux consommateurs de savoir ce qui se cache derrière les vêtements. Notre mission : apporter plus de transparence dans le secteur afin de permettre aux consommateurs de devenir des acteurs du changement !

Après de multiples entretiens et enquêtes auprès de notre communauté de consommateurs engagés, nous avons développé une application mobile pour informer les citoyens sur l'impact lié à la fabrication des vêtements neufs.

L'application Clear Fashion a été lancée en septembre 2019 et elle permet aux utilisateurs de découvrir les engagements des marques autour de quatre thématiques : les conditions de travail, l'environnement, la santé et le bien-être animal. Les utilisateurs peuvent également analyser les vêtements de leurs choix au travers de ces quatre thématiques.

En tant qu'utilisateur, vous pourrez également demander plus de transparence aux marques ou encore demander à ce que leurs pratiques évoluent. Vous pouvez aussi découvrir les marques les mieux notées afin de mieux choisir vos vêtements !

En janvier 2020, nous réunissons déjà plus de 100 000 consommateurs engagés sur l'application et ce nombre augmente tous les jours. Nous sommes ravies d'avoir construit une initiative qui permette aux consommateurs de s'informer et d'agir pour faire changer les choses. Grâce aux actions des utilisateurs, plus de 50 marques se sont déjà référencées en apportant plus d'informations sur l'histoire de la fabrication de leurs vêtements.

L'écoresponsabilité n'est plus un sujet de niche, nous voulons en faire la norme du secteur. Parmi les marques contributrices, nous comptons des marques nationales, internationales ou encore des créateurs français.

Vous souhaitez rejoindre le mouvement et agir pour un plus grand respect de l'humain, de l'environnement et des animaux ? Téléchargez l'application Clear Fashion, informez-vous et faites les bons choix !

Rym Trabelsi, co-fondatrice de Clear Fashion.

4 MON NOUVEAU *DRESSING* HEUREUX

Face à ces constats que pouvons-nous changer à notre échelle ? J'achète parce que ça me fait du bien ou parce que j'en ai besoin ? Et si je ne veux plus de mon vêtement, qu'est-ce que j'en fais ? Voici quelques conseils pratiques pour mettre du bonheur dans votre garde-robe !

PETITE RÉFLEXION PERSONNELLE SUR LE *SHOPPING*

Avant d'aller plus loin, il serait intéressant de se poser les bonnes questions concernant votre rapport personnel au *shopping*. Faites-vous partie de ceux qui surconsomment ?

Si oui, pourquoi ou comment en êtes-vous arrivé là ? Est-ce lié au *marketing*, aux magazines de mode, aux célébrités, au besoin de combler un manque, au désir de vous prouver que vous pouvez acheter tout ce que vous voulez ? Est-ce que consommer vous rend heureux ? Peut-être n'y avez-vous jamais vraiment pensé ! Vous avez juste pris l'habitude de consommer sans trop vous interroger sur le sujet...

Saviez-vous que la consommation de masse donne l'illusion au consommateur d'avoir un pouvoir ? Le pouvoir d'acheter tout ce qu'il veut, puisque cela ne coûte pas « cher ». Mais saviez-vous que, derrière les bas prix, quelqu'un a payé un prix ?

Dans le reportage « *The True Cost* », vous découvrirez que certains acteurs économiques ont donné un pouvoir imaginaire au consommateur. Ce dernier détient un pouvoir quand il a la possibilité d'acheter plein de produits à bas prix. Mais, au final, cela se transforme en *shopping* effréné. Consommateurs et fabricants sont entraînés parfois malgré eux dans l'engrenage de la rentabilité maximale, quel qu'en soit le prix.

Heureusement, le consommateur a un vrai pouvoir, celui de devenir « consomm'acteur » en choisissant les produits qu'il achète, et c'est l'ultime solution pour mettre fin à ce cercle vicieux qui commence, par ailleurs, à s'essouffler !

Sachez qu'il est possible de revoir sa manière de consommer, il suffit d'en prendre conscience. Tout est une question de volonté et de détermination.

Pour vous aider à y parvenir, voici plusieurs conseils et astuces pratiques qui vous permettront de revoir votre manière de sélectionner vos vêtements et accessoires de mode, tout en vous valorisant, en respectant votre budget, votre santé, les autres humains et notre belle planète !

C'est parti pour composer un *dressing* personnalisé 100 % éthique et durable.

FLEA
MARKET

CONSEILS POUR UNE GARDE-ROBE 100 % ÉTHIQUE DURABLE ET STYLÉE

Voici une liste d'idées pratiques qui a pour but de vous donner des clés au quotidien pour consommer mieux. Vous pourrez combiner l'ensemble de ces astuces et créer la recette personnalisée d'un *dressing* en accord avec votre style, votre corps, votre personnalité, tout en limitant votre impact sur la planète. Le choix des vêtements que vous portez est un acte à la fois social et politique. Un vêtement idéal permet de révéler qui vous êtes, de vous embellir, de vous rendre élégant tout en vous apportant du confort au quotidien. Chaque jour votre humeur, votre situation, vos envies changent, c'est pourquoi ces conseils s'adaptent à votre évolution et votre prise de conscience.

Grâce à l'ensemble des conseils proposés, vous pourrez, par exemple, créer votre garde-robe minimaliste éthique, durable et personnalisée, composée de vêtements basiques, intemporels et pratiques, assortis les uns aux autres, pour imaginer des tenues adaptées à chaque utilisation selon le moment de la journée.

Mieux se connaître pour mieux choisir ses vêtements

S'habiller en accord avec sa personnalité profonde

Un concept qui va révolutionner votre rapport à la mode et vous aider à comprendre les vêtements qui vous correspondent.
Saviez-vous que votre corps décrit votre personnalité dans un langage symbolique ?
Il existe une méthode de connaissance de soi qui offre une grille de lecture singulière, pertinente et puissante de l'apparence physique. L'éclat de votre regard, le teint de votre peau, votre façon de bouger et de parler, votre architecture physique

Ces éléments, associés aux vêtements, sont des preuves visibles qui révèlent plusieurs aspects de votre personnalité profonde :
- Les couleurs. Il existe 4 palettes de couleurs : printemps et automne (couleurs dorées), été et hiver (couleurs argentées). L'une de ces palettes de couleurs vous convient parfaitement et valorise votre teint et l'éclat de votre regard. Les couleurs sont liées aux motivations profondes qui vous font agir.
- Les matières qui portent votre énergie propre, révèlent votre rythme et votre fonctionnement émotionnel naturels. Êtes-vous plutôt à l'aise dans des matières légères, fluides, structurées ou naturelles ?
- Les coupes et les longueurs des tenues, en adéquation avec votre structure physique, révèlent votre manière de voir le monde et votre mode relationnel de prédilection.

Cette analyse de votre apparence physique a pour but de :
- Vous aider à définir les couleurs, matières et formes spécifiques de vêtements, accessoires et coupes de cheveux qui vous siéent parfaitement, et dans lesquels vous vous sentez en harmonie avec vous-même.
- Vous faire découvrir et comprendre vos motivations profondes, votre fonctionnement émotionnel, mental et relationnel, tout en apprenant à l'utiliser au quotidien.
- Vous éviter de perdre du temps et de l'argent en hésitant devant votre *dressing* et en supprimant les achats inadaptés de vos séances *shopping*.
- Vous apporter du bonheur quand vous ouvrirez votre garde-robe, car tous les vêtements présents seront 100 % alignés avec votre être intérieur et extérieur.

Cette méthode de connaissance de soi est développée par Flora Douville, via « La Méta® », que vous pourrez découvrir dans son livre *Révélez-vous : votre garde-robe peut changer votre vie* et à travers son programme en ligne « Reconnexion », ainsi que ses stages de formation. Il s'agit d'un programme qui permet de comprendre en profondeur votre personnalité, afin de définir vos vêtements idéaux. À travers son livre et son programme en ligne, vous allez partir à la découverte des couleurs, des formes et des matières qui vous correspondent parfaitement en fonction de votre rayonnement, de votre structure et de votre mouvement naturel. Votre corps raconte qui vous êtes, ainsi en connaissant et en choisissant les vêtements adaptés à votre corps, vous matérialisez votre personnalité profonde. En décidant de vous connaître et de consommer différemment vos vêtements, vous contribuerez à la création d'un univers textile vertueux. Cela vous permettra aussi d'ajouter de la conscience dans chaque achat que vous ferez, car vous le ferez en accord avec qui vous êtes et non pas en suivant des tendances uniformisant tous les êtres humains.

S'habiller en harmonie avec son corps

Connaître ses mesures

Nous sommes nombreux à ne pas connaître nos mensurations, que ce soit le tour de taille, la longueur des avant-bras, le tour de cou. Connaître ses mesures, son corps, vous permettra de passer moins de temps dans les cabines d'essayage ou sur Internet. Vous pourrez ainsi choisir des vêtements qui vous valorisent et vous siéent. Ainsi, vous aurez envie de les porter plus régulièrement.

À noter : les mensurations les plus utiles sont les tours de buste, de poitrine, de taille et de hanches.

Choisir des vêtements qui respectent votre architecture physique

Il est important de porter un vêtement qui est bien réalisé, bien coupé et adapté à votre architecture physique, car il va vous embellir et vous apporter du confort.
Dans le jargon technique, on parle de la ligne du vêtement, qui se réfère à l'allure que vous donne un vêtement quand il est adapté à vous. Actuellement, les vêtements n'ont plus de ligne, car on ne travaille plus le vêtement comme avant. La ligne d'un vêtement a justement pour objectif de valoriser une silhouette en fonction de l'architecture du corps (taille, forme...).
Une fois que vous aurez pris du temps pour revoir votre rapport aux vêtements, lié à votre connaissance de vous-même et de votre corps, vous pourrez ouvrir votre garde-robe, l'étudier, la compléter, la réduire et l'améliorer, si besoin, en suivant ces quelques conseils. Vous avez la possibilité de faire appel aux services de professionnels (stylistes, *coachs* en rangement et style, habilleur personnel) pour vous aider à organiser, créer et trier votre garde-robe.

« À travers mon expérience, j'ai pris conscience que la création ne devrait pas se baser sur l'ego et le profit au détriment du reste, mais sur la conscience, l'amour et le respect de la personne qui porte le vêtement, de celle qui le crée et enfin de l'environnement qui nous fournit les matières utilisées. En développant la Méta®, j'ai découvert une direction encore inexplorée à suivre en matière de création puisqu'elle remet l'ego à sa place et l'humain au centre des décisions permettant ainsi de créer une nouvelle alternative textile. »

Flora Douville,
fondatrice de la Méta®

Des idées pratiques pour composer sa garde-robe

Créer une garde-robe minimaliste

Une garde-robe minimaliste se compose de 20 à 30 pièces, comptant des hauts, des robes, des bas et des vestes. Cela n'inclue pas les sous-vêtements, les pyjamas ou les vêtements de sport.
Optez pour des vêtements confortables et élégants qui vous mettent en valeur et qui sont adaptés à votre mode de vie. Devenez votre propre styliste en composant les tenues de votre garde-robe comprenant :
- des basiques fondamentaux (environ la moitié de la garde-robe : jeans, robes, pulls).
- des couleurs et des coupes assorties les unes aux autres pour créer des tenues à l'infini.
- des vêtements qui peuvent s'adapter en fonction des saisons.

Envie de vêtements neufs ?

Quand vous êtes envahi par l'idéalisme

Achetez des marques exclusivement éthiques et durables (cf. partie précédente, page 82). Une multitude d'entre elles sont apparues dans le paysage de la mode ces dernières années. Elles possèdent leurs propres sites ou sont vendues dans des multimarques en ligne ou physiques. Consultez le carnet d'adresses pratique, page 143.

En résumé, voici **les éléments clés qui déterminent si une marque est éthique et durable.**
Elle utilise des matières naturelles, plutôt que chimiques ou synthétiques, ou sélectionne des matières issues de l'agriculture biologiques qui n'utilisent pas de pesticides et qui ont été fabriquées dans le respect des conditions de travail.
Elle choisit des matières traitées ou teintes naturellement (teinture végétale).
Elle utilise le recyclage : des matières premières issues du recyclage et de la récupération (pièces *vintage*) donnant ainsi une nouvelle vie à des vêtements usagés, des chutes de tissus, mais aussi des objets décalés.
Elle fabrique selon un vrai savoir-faire, ou le fait-main. Les créateurs valorisent des savoir-faire ancestraux de pays encore peu développés en leur offrant une visibilité à échelle mondiale. L'objectif étant de transmettre ces savoir-faire aux générations futures afin de pérenniser leur culture et leur tradition. Il s'agit aussi des artisans locaux possédant un savoir-faire ancien assurant un produit de qualité ou de créateurs fabriquant des petites séries à la main.
Elle propose des produits issus du commerce équitable qui s'enquiert des conditions dans lesquelles travaillent les

employés et leur assurent un salaire décent et un cadre de travail agréable dans des pays en voie de développement.

Elle s'engage socialement en donnant du travail à des minorités ou des communautés démunies (ex. : *favelas*, personnes handicapées, prisonniers, etc.). Elle s'engage durablement dans des centres de formation, des centres de santé, des CAT, etc., et s'assure aussi des conditions de travail dans leurs usines. Il s'agit aussi des entreprises qui reversent une part de leurs bénéfices à des associations ou qui créent leurs propres projets sociaux (ex. : pour une paire de chaussures achetée, une paire de chaussures offerte à un enfant démuni).

Elle fabrique localement dans votre pays d'origine car elle privilégie les emplois du pays en redynamisant son économie, limitant les intermédiaires, ainsi que les transports aériens et l'émission de CO_2.

Elle propose des produits *vegan* qui ne sont pas issus de l'exploitation animale. Au-delà de l'adoption d'un régime alimentaire végétalien, le véganisme exclut la consommation de tout produit issu des animaux et de leur exploitation ou testé sur eux (cuir, fourrure, laine, soie, cire d'abeille, cosmétiques, loisirs, etc.).

Elle propose des produits respectueux de l'environnement, c'est-à-dire qui n'ont pas d'impact néfaste sur l'atmosphère, qui ne détruisent pas la faune et la flore du *process* de fabrication jusqu'à la distribution (transport entraînant un rejet de CO_2, déforestation, pollution, etc.). Ainsi, certaines marques vendent des vêtements « carbone neutre » ou « zéro carbone », car elles ont réduit au maximum le recours aux énergies fossiles lors de la fabrication (usine, transport) et elles ont compensé leurs émissions de CO_2 en soutenant des projets (énergie renouvelable, efficacité énergétique, reboisement).

Un label de confiance de la mode écoresponsable

Éloise Moigno est co-fondatrice avec Thomas Ebélé de SloWeAre. SloWeAre est devenu un label référent à destination du consommateur pour lui permettre d'identifier plus facilement les marques écoresponsables.

Passionnée par la mode, j'ai toujours eu envie d'avoir mon style bien à moi. J'ai grandi dans une ferme pionnière de l'agriculture biologique ce qui m'a permis de me poser très tôt de nombreuses questions. Comment concilier mode et développement durable, qui *a priori* ne devraient pas faire bon ménage ?

Depuis 2009, je m'intéresse à la manière de sensibiliser le consommateur aux enjeux sociaux et environnementaux. Mes expériences dans la grande distribution et auprès des fournisseurs de l'agroalimentaire m'ont amené à me questionner sur les problématiques transversales à d'autres domaines. Alors que l'offre alimentaire tend vers le bio et la traçabilité, *quid* de l'industrie textile ? Je découvre alors un secteur opaque et identifie une très grosse problématique environnementale et sociale dans le secteur de la mode.

Je commence un travail de fond : rechercher des marques de mode écoresponsables encore confidentielles. Dès 2015, j'organise les premiers rendez-vous pour partager ma passion des vêtements qui portent une histoire, sous la forme d'Ecofashion Tours, de vide-*dressing* et de soirées *afterworks*. Devant le succès de ces événements, je constate que la demande existe, mais que le manque de visibilité de l'offre est un obstacle majeur. Ce sont des marques de niche, les consommateurs peinent à les identifier et à les trouver. En 2016, je m'associe avec Thomas Ebélé pour lancer SloWeAre.

SloWeAre est un label de confiance à destination du consommateur : il permet d'identifier les acteurs de la mode responsable. Son objectif est de valoriser la démarche des marques à impact positif sur l'humain et l'environnement qui jouent le jeu de la transparence. Grâce à nos actions, ce sont 800 emplois directs, 12 000 indirects et des employé(e)s qui vivent décemment de leur activité.

SloWeAre est également un média en ligne qui vise à sensibiliser et faciliter la transition vestimentaire de chaque lecteur, engagé ou non dans une démarche de consommation durable en apportant une information claire et qualifiée. Il est primordial de montrer des exemples de réussites, des témoignages inspirants pour montrer de nouvelles habitudes de vie et susciter la curiosité de nos lecteurs et lectrices.

Nous organisons régulièrement différents formats d'événements : soirée thématiques, *showroom*, conférences, marchés de créateurs Depuis notre lancement en 2017, SloWeAre a accompagné déjà plus de 400 000 « consomm'acteurs » à la recherche d'un nouveau modèle de consommation.

SloWeAre propose de véritables alternatives à la consommation de masse, en connectant professionnels et particuliers, pour que chaque partie prenante de la filière textile puisse vivre dignement de son métier.

Afin de faciliter l'accès aux informations des marques, nous avons mis en place une labellisation. Nous ne cherchons pas la perfection, mais des marques exigeantes qui ont de l'impact. Notre labellisation n'est pas orientée sur le produit, mais sur la démarche : on évalue l'engagement de la marque à travers un audit approfondi (148 thématiques réparties en quatre volets), ce qui nous permet d'avoir une cartographie fine de la chaîne de valeurs et cela aide la marque dans son processus d'amélioration continue. Les fondateurs des marques sont généralement des personnes engagées qui essayent à leur manière de relever des problématiques qui peuvent être technologiques (notamment dans le *made in France*), culturelles (préservation de savoir-faire). Notre audit vise à évaluer l'écoresponsabilité de la démarche de la marque sur l'ensemble de sa chaîne de valeurs.

Pour cela, nous avons établi un référentiel spécifique (basé sur des normes existantes) pour évaluer sa gestion de la qualité, de son impact social et de son impact environnemental afin de nous assurer qu'elle s'inscrive bien dans une perspective de développement durable.

Notre référentiel est mis en correspondance avec un ou plusieurs objectifs de développement durable. Cela nous permet de déterminer la performance de la marque par rapport aux objectifs qu'elle souhaite atteindre.

Éloïse Moigno, co-fondatrice de SloWeAre.

Une précurseuse de la mode éclairée

Sakina M'Sa, fondatrice de la marque Sakina M'Sa, pionnière de la mode durable en France, révèle une mode optimiste et fraîche, qu'elle appelle désormais la mode éclairée.
Ayant choisi le statut d'entreprise d'insertion, elle s'inscrit dans le mouvement du social business *imaginé par le professeur Yunus qui vise à transformer l'économie classique pour une économie humaine et inclusive, en France et dans le monde.*
Ses collections ont été distribuées dans des magasins mythiques de la mode. La marque Sakina M'sa a réalisé des collections en co-branding*. La femme Sakina M'sa incarne le « soft power » et n'hésite pas à afficher ses slogans, ses combats sur ce qu'elle porte !*

Elle est aussi l'autrice du livre Robe des possibles *(Filigrane éditions) et vient de co-réaliser avec Laurent Chevallier, le film* Mode d'évasion *(co-production Agat film et France 3). Une fois par an, depuis huit ans, elle réalise un défilé de mode à Fleury-Mérogis, la plus grande prison d'Europe. Elle a aussi fondé le* concept store *Front de Mode.*

En 30 ans nous avons vécu la disparition de 90 % des emplois dans le textile, pour une course à la croissance et à la consommation effrénées. Les créateurs de mode se sont laissés envahir par ces logiques de puissance et de production/destruction, à une époque où aucune alternative n'était envisageable.

J'ai décidé de monter un atelier solidaire en France, et de fabriquer en France, car le savoir-faire, la main, la proximité, la protection sociale me semblent être des arguments essentiels. Pendant que nous cherchions à changer de paradigme, l'industrie de la mode c'était : l'hystérie, les 12 collections par an, et autres éditions limitées, et le tout-puissant microcosme de la mode qui faisait autorité sur le fait que c'était formidablement logique de présenter de la grosse maille et des fourrures en vitrines en plein mois d'août, et des petites tenues légères et sandales en corde en plein mois de janvier.

Les clients sont sur-sollicités car la stimulation du désir par 2, 3, 4, 5 collections et plus chaque année, les ont anesthésiés pendant longtemps. Ils ont consommé et, comble du comble, on a vu arriver des enseignes qui vendaient 10 fois moins cher un vêtement sympa, sexy, et dans des magasins de proximité. Comme beaucoup j'ai été bluffée, car ces nouveaux détaillants pratiquaient ce dont j'ai toujours rêvé : l'inclusivité.

De plus en plus de jeunes de mon 93 adoré retrouvaient le sourire, car la veste, le pantalon faisaient le job. C'était joli, pas cher et ça apportait des nouvelles pièces à un rythme soutenu. Comment oser prendre la parole et prétendre être audible pour les oreilles des jeunes, face à ces géants?
Je me suis prise au jeu et j'ai acheté un jour, un joli top dans ces magasins. Cette pièce avait la bonne coupe, le bon *feet*, le bon prix... Au bout de quelques jours, je me suis aperçue qu'elle

n'avait pas la bonne matière, qu'elle boulochait rapidement et ne résistait pas au deuxième lavage... Je ne vous parle pas du nombre d'ouvriers des ateliers du bout du monde qui payent très cher le fait que je puisse me l'offrir à ce prix.
Les temps changent et les créateurs peuvent reprendre la main !

Aujourd'hui, tout se marie, tout se mélange, on mixe hiver et été, pour conjurer le réchauffement climatique. La mode, ces dernières années, est passée dans une machine à laver à 3200 tours ! On peut désormais raisonner en produits intemporels, porter par exemple, un pull en coton l'été, mais glisser dessous un pull chaussette en hiver, ou se mettre en gros gilet. Vive le *layering* mode et éclairé !

Mon objectif ? Trouver des produits qui soient faciles à porter, à assembler, à mixer, des produits qui durent longtemps comme les vêtements de grand-mère, des produits qui veillent sur nos vies et qui ne soient pas jetables... Qui puissent être abordables et exceptionnels. Vous avez compris, la mode c'est ma passion, surtout quand elle est désirable et qu'elle crée du sens!

Sakina M'Sa, fondatrice de la marque Sakina M'sa.

Silhouettes de la marque ecoresponsable Sakina M'Sa.
Photo de droite : @bimduo. Photo de gauche : Save the planet @louanncorre

Ce jour où vous êtes ambitieux et créatif

Fabriquer ses vêtements soi-même : la pièce est unique, faite main et sera précieuse vu le temps investi à la réaliser. On est fier d'arborer une de ses créations réalisées à la sueur de son front !

Si vous ne vous sentez pas prêt à confectionner vos vêtements vous-mêmes et que vous avez un budget à y consacrer, vous pouvez faire appel à un(e) couturièr(e) ou créateur (trice) pour vous accompagner dans leur conception et leur réalisation.

Aujourd'hui, vous avez un petit budget

Rendez-vous dans les boutiques dégriffées, type solderies, *outlets*, qui pullulent un peu partout. En fouillant bien vous pourrez trouver de superbes pièces à des prix uniques parmi les fins de série. Vous finirez toujours par dénicher quelques pièces qui n'ont pas trouvé d'acquéreur à la fin des soldes et qui risquent d'être détruites.

Prêt à opter pour le *second hand* ?

Optez pour l'échange ou le troc, le plus économique

Vous en avez assez d'un top ou d'une robe ? Eh bien, c'est simple, recyclez vos vêtements en les échangeant entre mère, sœurs, cousines ou copines ! Entre potes aussi, c'est possible, pour les hommes ! Ainsi, vous ne dépensez pas un seul centime en achetant une nouvelle pièce, et cela redonne vie à un vêtement presque neuf, oublié dans un fond d'armoire. Et personne ne le remarquera, puisque chacun a son propre style !
Vous pouvez aussi faire du troc en ligne ou lors de soirées dans votre région.

Achetez des vêtements *vintage* en friperie ou lors de *vide-dressing*

Optez pour des vêtements *vintage* que vous pourrez trouver dans des boutiques *vintage* qui ont foisonné ces dernières années. Des friperies et vide-*dressing*, vous en trouverez dans toutes les villes ou sur Internet, sur les sites dédiés, tels que videdressing.com, crushON ou vinted.fr (ou son application).

Louez, empruntez vos vêtements

De nouvelles initiatives ont vu le jour ces derniers temps ! Louer ses vêtements, une aubaine pour les prêteuses pour arrondir leurs fins de mois et une opportunité pour les *fashionistas* écochics et fauchées de renouveler leur garde-robe en permanence sans culpabiliser !

Idée

Vous avez un événement important, type mariage ou gala, vous avez envie d'une nouvelle robe originale et vous allez sûrement ne la mettre qu'une seule fois, alors, au lieu de l'acheter, louez-la !

L'écofrugalité : consommer moins pour vivre mieux

Philippe Lévêque, auteur du livre Le Guide écofrugal, *est* Chief Ecofrugal Officer *à Mon atelier écofrugal office qui propose des ateliers de partage de solutions économiques et écologiques pour les particuliers et les entreprises.*

De 2009 à 2012, j'ai recensé les solutions économiques et écologiques que nous pouvons mettre en œvre au quotidien : réduire le gaspillage alimentaire, acheter d'occasion, utiliser une gourde, faire du covoiturage. J'ai résumé toutes ces solutions hétérodoxes dans un livre : *Le Guide écofrugal*. Le mot « écofrugal » m'est venu à l'esprit à cette occasion pour montrer qu'on pouvait concilier frugalité, économies et écologie. La frugalité doit être au centre de nos préoccupations. Le XXIe siècle devra être le siècle de la modération. Nos consommations, nos modes de vie devront être plus sobres, plus frugaux. Et donc autant mettre le mot, l'objectif, en valeur : rappeler qu'il faut faire plus avec moins.

Plus en termes de santé, de qualité de vie, de bien-être ou de confort, avec moins de ressources et des contraintes financières. Plus généralement, l'idée d'écofrugalité, c'est de remettre l'individu au centre, de lui montrer ce que le développement durable peut lui apporter et de lui faire voir que cela peut améliorer son niveau de vie, le vrai !

L'objectif est de casser l'idée reçue selon laquelle ce qui touche au développement durable est plus cher ou compliqué. Chacun de nous est porteur de solutions, on fait tous, déjà, des actions écofrugales, parfois même sans le savoir. Pour aller plus loin, et parce qu'un livre à lui seul ne changera pas le monde, j'ai créé : « Mon atelier Écofrugal » : les premiers ateliers écocitoyens gratuits et autoparticipatifs pour partager ses solutions responsables entre amis, voisins, collègues...

Avec le soutien de l'Ademe et d'entreprises pionnières, nous envoyons à des bénévoles – les « ambassadeurs » et « ambassadrices » – préalablement inscrits sur monatelier-ecofrugal.fr une Box Écofrugal qui contient des cadeaux de marques éco-engagées et un manuel pour animer son atelier de partage de solutions entre amis, voisins, collègues...

À ce jour, nous proposons trois thématiques d'atelier : zéro déchet, alimentation responsable, habitat/copro (eau, énergie, équipement, etc.). Le principe de l'atelier est simple. Il y a à chaque fois un fil conducteur, ce sont nos 11 commandements. Par exemple, pour Mon atelier Écofrugal zéro déchet, l'un de nos commandements est : « J'achète d'occasion plutôt que neuf. » Ainsi, à tour de rôle, chaque participant – entre 8 et 12 personnes – va partager avec le reste du groupe ses solutions en rapport avec le commandement. Quelqu'un parlerera du magasin de fripes qu'il fréquente, ou bien de l'application qu'il utilise (vinted, videdressing.com, etc.).

Autre exemple, un de nos autres commandements est : « Je répare, je fais durer. » Ainsi quelqu'un dans le groupe prendra peut-être la parole pour parler de ses talents de couturier ou de la façon de repriser ses chaussettes, de remettre un bouton, etc.

C'est aussi l'occasion pour les participants de parler des marques qu'ils choisissent pour leur durabilité. Certains participants ont réduit la taille de leur garde-robe pour aller vers le minimalisme. Ils vont témoigner qu'ils peuvent ainsi acheter des vêtements plus chers et plus éthiques, sans globalement dépenser plus pour s'habiller et se vêtir.

D'autres commandements Zéro Déchet se déclinent pour la mode : « Je troque », « Je donne : je récupère. » Si vous avez déjà organisé une gratiferia (évènement dédié au don d'objets, de vêtements, accessoires, etc.) ou une soirée troc entre amis, vous donnerez envie à vos amis de faire de même.

À chaque fois les conseils donnés sont locaux, sur mesure et surtout désintéressés. Grâce à la force de la recommandation en présentiel, cela donne envie aux autres participants d'essayer la solution et de surmonter les obstacles propres à l'adoption d'une nouvelle pratique : inertie, force des habitudes, manque d'informations...

En résumé, pour accélérer la transition, et à rebours du tout numérique, nous avons décidé de remettre l'humain au centre. Il n'y a rien de plus puissant qu'un être humain pour donner envie à un autre être humain de changer à son tour ! *Le Guide écofrugal* est à présent mis à jour et enrichi grâce aux retours de la communauté écofrugale. Il est devenu un bien commun en libre accès à l'adresse suivante : https://monatelier-ecofrugal.fr/guide/

Philippe Lévêque, Chief Ecofrugal Officer.

Pour éviter de devoir renouveler trop souvent votre garde-robe

Voici quelques astuces pratiques qui limiteront vos dépenses en mode et même en facture d'énergie ! Votre compte bancaire vous dira merci !

Sélectionnez des vêtements qui vous plaisent et qui sont utiles

- **Achetez exclusivement des vêtements qui vous plaisent à 100 %,** même s'ils sont proposés par des marques éthiques et durables. Le confort et l'envie de porter ce vêtement doivent primer, car vous savez que vous le porterez indéfiniment.
- **Avant d'acheter un vêtement, assurez-vous de son utilité** afin d'éviter les achats compulsifs qui risqueraient de finir au fond d'un placard. Ainsi, plus une pièce sera utile, plus elle vous permettra de maintenir une garde-robe minimaliste. À noter qu'une personne porte seulement 30 % de ce qu'elle a dans son armoire… Cela vous étonne ?
- **Le meilleur conseil pour limiter le gaspillage est d'acheter des vêtements intemporels** qui ne vont pas se démoder à la fin d'une saison, des vêtements dont on ne va pas se lasser après les avoir portés deux fois. On peut parler des basiques, les incontournables de la garde-robe, voire des pièces qu'on peut porter quelle que soit la saison. Si vous considérez que vous allez porter le vêtement au moins 30 fois, alors c'est bon !

Réinventez votre garde-robe au lieu d'acheter

Le plus simple encore, ouvrez votre armoire et réalisez que vous avez déjà tout et qu'en fait, vous n'avez besoin de rien ! Et simplement réinventez votre garde-robe, imaginez des tenues inédites ; laissez libre cours à votre imagination, elle est débordante ! Vous pouvez faire appel à des *coachs* qui vous aideront à réinventer votre garde-robe à partir de l'existant.

Prenez soin de votre garde-robe : entretien, rangement

L'entretien de vos vêtements est essentiel, car il va avoir un impact sur la durée de vie de vos vêtements, sur l'environnement et sur votre santé.
Laver vos vêtements est inévitable, cependant tous les vêtements ne sont pas à laver après chaque usage. Cela dépend du positionnement du vêtement sur votre corps. Ainsi, un jean peut être lavé une fois par an (oui !), les vêtements en polyester peuvent être lavés moins souvent, tandis que les vêtements en fibres naturelles, telles que le coton et la soie, seront à laver plus régulièrement.
Vous avez la possibilité d'aérer vos vêtements ou d'appliquer un désodorisant, de préférence naturel, pour ôter des odeurs désagréables.

L'élimination des tâches

Avant de mettre votre vêtement à la machine, vous pouvez éliminer les taches dès que vous les voyez. Apprenez à connaître chaque type de tache afin de déterminer si elle disparaîtra ou si elle restera incrustée indéfiniment. Il est conseillé de rincer immédiatement à l'eau froide et au savon les taches habituelles (aliment ou sang). Vous pouvez aussi utiliser du bicarbonate de soude pour les taches plus tenaces (vin, sang, odeur), du vinaigre blanc (café, parfum, herbe).

Le lavage

Sur chaque étiquette apposée sur les vêtements, vous trouverez les conseils pour les entretenir grâce à des pictogrammes ou un texte explicatif. Ils vous indiquent comment laver et sécher un vêtement en fonction de sa composition.
Si vous respectez au mieux ces indications vous préserverez la qualité de votre vêtement et vous le ferez donc durer plus longtemps. Certaines matières étant plus fragiles que d'autres, il est primordial de tenir compte de ces pictogrammes, comme pour la soie et les laines qui doivent être lavées à froid, manipulées délicatement puis séchées à plat. Notez cependant que certaines marques encouragent à aller au *pressing* en utilisant la consigne « nettoyage à sec », alors qu'un lavage à la main, ou un cycle de lavage à la main en machine, serait suffisant, plus écologique et économique.
Pensez à trier vos vêtements par couleur avant de les mettre en machine.

Sources : Cofreet (https://www.lavermonlinge.com), S'habiller avec éthique

Les différents pictogrammes d'entretiens textile et leurs significations

Lavage : symbole, le cuvier.
C'est la 1re étape de l'entretien.

- Les chiffres à l'intérieur indiquent la température de lavage maximale en degré celsius.

- La main dans le cuvier signifie que l'on peut laver à la main.

- Le symbole souligné d'un trait indique les précautions spécifiques à prendre.

Repassage : symbole, le fer à repasser.

Il définit par 1, 2 ou 3 points la température maximale du fer à utiliser, du moins chaud au plus chaud.
Cette étape est sensible, car si on ne respecte pas la température, on peut rapidement brûler un tissu fragile.

Nettoyage professionnel : symbole, le cercle.
Ce symbole s'adresse principalement aux professionnels du nettoyage.

- Les lettres P, F ou W indiquent le type de processus et de solvants tolérés par l'article textile.

- Le symbole souligné d'un trait indique des précautions à respecter.

Blanchiment : symbole, le triangle.
Le symbole non barré autorise le blanchiment avec tous types de produits à base de chlore, tels que l'eau de Javel ou d'oxygène.

Séchage tambour ménager : symbole, le cercle inscrit dans un carré. Le symbole conseille sur le réglage du niveau de température d'un sèche-linge :

- 1 point pour une température modérée.

- 2 points sans restriction.

Les vêtements en fibres naturelles, telles que le coton, la laine et la soie, ont besoin d'un lavage tout en délicatesse.
Les vêtements en fibres synthétiques, comme le polyester et le Nylon, sont plus résistantes ; un lavage normal à 30° C sera à privilégier.
Lorsque vous lavez vos vêtements en matières synthétiques, ils libèrent des micro-plastiques qui se dispersent dans l'environnement surtout dans les milieux marins. Pour éviter qu'ils ne causent des dégâts, ils peuvent être capturés à l'aide d'un *guppy bag*. Il s'agit d'un filet dans lequel on met les vêtements pour piéger les microfibres durant le lavage en machine[83].

Pour les vêtements en fibres mélangées, prenez en compte des consignes d'entretien pour les fibres les plus délicates du mélange.
Les vêtements en maille ou les maillots

durent plus longtemps s'ils sont lavés à la main ou dans un cycle « lavage à la main ».
Les vêtements à sequins, paillettes et passementerie (ruban, cordon, dentelle, etc.), les soutiens-gorge et les collants sont à placer dans un filet pour les protéger lors du lavage.
Le lavage et le séchage ont des impacts environnementaux conséquents au niveau de la consommation d'eau et d'énergie.
Le lavage nécessite plus ou moins d'eau en fonction des réglages et de la charge de la machine à laver.
La consommation d'électricité dépend de la température du cycle, mais aussi du séchage en machine, très énergivore. C'est principalement lié à la classe énergétique du lave-linge, sachant que l'indication « A/A/A » (énergie/lavage/essorage) est la meilleure.
Source : Ademe.

Concernant le *pressing*, il est particulièrement néfaste pour la santé et l'environnement. Essayez au maximum de laver vos vêtements à la main ou d'utiliser des programmes « lavage à la main » ou « délicat ». Si, cependant, vous ne pouvez pas faire autrement, optez pour un *pressing* écologique et renseignez-vous sur les produits qu'ils utilisent.

Conseils pratiques

Pour chaque étape liée à l'entretien, respectez les conseils d'utilisation inscrits sur l'étiquetage du produit !
Lavez vos vêtements en machine à 30 °C de préférence pour un gain d'énergie. Cela conserve vos vêtements en meilleur état plus longtemps.
Évitez de laver trop souvent vos habits et à trop haute température, surtout ceux qui sont en matières synthétiques. Laissez-les respirer à la place !
Dosez correctement la quantité de lessive : mettre plus de lessive que nécessaire ne lavera pas mieux le linge !

Choisir une lessive labélisée

Les lessives portant l'écolabel européen ont une incidence réduite sur les écosystèmes aquatiques et contiennent une quantité limitée de substances dangereuses.
- Optez pour une lessive à impact réduit sur l'environnement.
- Il existe aussi des noix de lavage biodégradables. Sans composants chimiques, elles sont hypoallergéniques, réutilisables et multifonctionnelles.
- Faites votre lessive vous-même : pour laver vos vêtements, adoptez des lessives biologiques à base de savon de Marseille que vous pouvez faire vous-même !
- Utilisez des produits naturels, c'est plus écologique, pour entretenir, détacher vos vêtements ou imperméabiliser et cirer vos chaussures.
- Choisissez un *pressing* ayant des engagements environnementaux.

Le séchage

Favorisez le séchage naturel au séchage en machine en étendant votre linge. Cela limite l'impact sur l'environnement et, en plus, vos vêtements restent en bon état plus longtemps. En été, profitez du soleil pour faire sécher votre linge à l'extérieur, les rayons UV le stériliseront. Étendez votre linge chez vous quel que soit l'espace, vous ferez des économies en électricité et limiterez l'impact environnemental.

Le repassage

Tous les vêtements n'ont pas besoin d'être repassés, notamment ceux qui sont composés de matières infroissables en polyester, laine, Lyocell, etc.

Le tri et le rangement

Mettre de l'ordre dans votre armoire et acheter l'essentiel vous aideront à améliorer votre quotidien en déterminant ce qui est utile à avoir dans votre garde-robe. Vous aurez ainsi la vie et l'esprit plus légers. « Lorsque vous rangez votre maison, vous mettez également de l'ordre dans vos affaires et votre passé, vous voyez très clairement ce dont vous avez besoin dans la vie, ainsi que le superflu, sans oublier ce que vous devez et ne devez pas faire », Marie Kondo.
Le rangement est plus important que ce qu'on pense. Une pièce en désordre révèle un esprit dans le même état. Marie Kondo encourage à jeter, et à ne garder que des choses qui ont pour seul but de vous rendre heureux.

Quelques clés pour trier et ranger sa garde-robe

- Classez vos vêtements et accessoires par catégorie (hauts, bas, lingerie, chaussettes, sac à main, etc.).
- Prenez chaque article dans vos mains et demandez-vous s'il vous met en joie. Touchez chaque vêtement et voyez comment votre corps réagit. Le rangement doit vous apporter du bonheur. Gardez les vêtements qui vous touchent, vous réjouissent, le reste donnez-le. Ainsi, vous redémarrez à zéro dans un nouveau mode de vie.
- Essayez aussi les vêtements afin de mieux appréhender le résultat sur vous.
- Classez les vêtements par saison et par couleur pour faciliter le choix et la composition de votre tenue au quotidien.

Une fois le tri effectué, il est important de mettre sur des cintres les vêtements qui ne peuvent être pliés, tels que les manteaux, les robes, les chemisiers. Il est préférable de plier les autres vêtements en respectant une technique particulière : roulez le vêtement sur lui-même pour qu'il prenne moins de place et rangez-le dans des panières séparées. N'oubliez pas de laisser respirer vos vêtements et de protéger ceux qui sont délicats.

La réparation de vos vêtements, accessoires et chaussures

Si vous avez un petit trou, un fil tiré, un talon abîmé, une semelle usée Cela ne signifie pas que, ça y est, c'est la fin de ce beau top ou de cette belle paire de chaussures. Prenez votre aiguille et un fil et hop ! Raccommodez le petit trou, ou déposez l'article chez le retoucheur. Pour les chaussures, c'est pareil, passez chez le cordonnier faire refaire les talons, la semelle pour le prix d'une paire de chaussures bas de gamme. Ainsi, votre belle paire revit, vous dynamisez l'économie artisanale locale et ça repart pour une ou deux saisons ! Dites stop au gaspillage !

Vers une autonomie vestimentaire

Catherine Dauriac est fondatrice de la Fabrique idéale, rédactrice en chef adjointe aux impacts chez Hummade Magazine, présidente et coordinatrice de Fashion Revolution France. La Fabrique idéale est un collectif engagé pour une autonomie vestimentaire alliant co-création et upcycling *pour une mode sur mesure 100 % responsable.*

« L'acte de coudre est un processus de réparation émotionnelle. » Si cette phrase de Louise Bourgeois nous inspire, c'est bien parce que dans nos vies le temps manque et que nous avons besoin d'appuyer sur pause. Qui n'a pas, au moins une fois dans sa vie, renoncé à porter un pull adoré mais ravagé par les mites ? Combien de vêtements en prison dans nos armoires pour un ourlet défait, un bouton qui manque, une tache indélébile ? C'est aussi pour cette raison que nous possédons trois fois plus de vêtements qu'il y a 15 ans

Le degré zéro de l'autonomie vestimentaire serait donc de faire le tri, séparer le bon grain de l'ivraie et commencer à doucement méditer sur le sens de la vie. Ensuite viendront *upcycling* et couture sur mesure. Une aiguille à la main, des fils de couleurs. Revenir aux travaux de dames avec cette philosophie *trash* inventée par les *punks*, le *do it yourself*. Insuffler la modernité par la réparation ornementale.

En 2016, nous lançons le projet d'un tiers-lieu pour la mode, conçu comme un écosystème global de services et de formations de couture pour le grand public et les marques de mode. La Fabrique idéale teste tous ses projets, de la réparation au sur-mesure, rejoint *Fashion Revolution France* et Une autre mode est possible, s'implique avec Makesense, mais ne trouve pas le lieu nécessaire au déploiement de ses activités. Qu'à cela ne tienne, nous serons nomades ! Avec une trentaine d'ateliers organisés avec de nombreux partenaires en France et en Suisse, nous atteignons aujourd'hui un rythme de croisière.

Réduire, réutiliser, réparer, recycler

En un mot, devenir un(e) citoyen(ne) actif(ve) à travers son vestiaire. Parce qu'un vêtement ne devient un déchet que lorsque nous le jetons. D'ailleurs, le vêtement le plus durable est déjà dans notre garde-robe. Ce qui ne veut pas dire arrêter de consommer, loin de là. Consommer, oui, mais moins et mieux. Nous avons besoin de beauté, nous sommes une espèce qui, depuis la nuit des temps, a recherché la parure, avec une invention folle. Et cette folie nous amène aujourd'hui à la frénésie, l'achat compulsif, le débordement. Le gaspillage textile est énorme, et la folie de l'hyperconsommation détruit les ressources, l'environnement et les êtres humains impliqués dans sa fabrication. Ralentir, revenir à nos instincts millénaires d'ornement, de beauté singulière.

Catherine Dauriac, fondatrice de La Fabrique idéale.

Photos de la marque écoresponsable Bag Affair.

Donnez une nouvelle vie à vos vêtements, accessoires et chaussures

- **En personnalisant ou en transformant** un vêtement ! Il suffit d'avoir quelques connaissances basiques en couture pour réaliser de jolies créations en un rien de temps.
Exemples : les manches d'une blouse ont rapetissé, coupez-les et faites un ourlet ; votre robe est trop courte, coupez le bas pour garder uniquement le haut ; votre jupe est trop courte, transformez-la en jupe culotte ; accessoirisez un vêtement pour le rendre unique en changeant les boutons ou en rajoutant dentelle, perles, broderies ou écussons thermocollants.
Sources : Couture Récup' customisation

- **En récupérant des éléments** vous permettant de créer ou personnaliser d'autres vêtements : fermeture à glissière, tissu, boutons, ruban ou dentelle Autant d'éléments valant la peine d'être récupérés pour donner vie à un nouveau vêtement.

- **En donnant une deuxième vie** à vos vêtements usés, tels que tee-shirt, sweat, peignoir en éponge ou pyjama, en les transformant en lingettes démaquillantes ou chiffons, par exemple.

- Vous pouvez également utiliser les chutes de tissu pour en faire des petites pochettes de rangement, culottes ou autres créations qui nécessitent une petite quantité de tissu.

- **En les teignant** si un de vos vêtements a eu un accident de parcours, telle une tache qui ne part plus. La teinture faite maison est simple et rapide. Privilégiez les teintures naturelles réalisées avec des pigments naturels, comme les fruits et légumes (mûres, betterave, courge, etc.), les fleurs ou les sachets de thé.

- **En les revendant** via des sites, des événements de vide-*dressing* ou auprès de grossistes, si vous n'avez plus envie de les porter même s'ils sont toujours en bon état. Cela vous permettra de ne pas encombrer votre armoire et de vous faire un complément de revenus.

La fin et le début d'une nouvelle aventure grâce au recyclage

Une fois que vous pensez que votre histoire d'amour avec votre vêtement est finie, pensez à le recycler ! Il se pourrait qu'il revive une nouvelle histoire.

Comment ?
Partez en quête de ce logo apposé sur les bacs de collecte. Il signifie que vous pouvez déposer vêtements, linge de maison et chaussures usagés afin de leur accorder une seconde vie en respectant les consignes suivantes :
- Déposer tous les textiles et chaussures, même usés ou déchirés, à condition qu'ils soient propres et secs.
- Ne pas déposer d'articles humides car ils

risqueraient de contaminer tous les autres et de générer de la moisissure, rendant leur valorisation[84] impossible.

Le tri et le recyclage de vos textile, linge et chaussures (TLC) sont nécessaires et bénéfiques à plusieurs points de vue :

Économique

- Ils redonnent de la valeur à ce qui serait détruit. Si vous jetez à la poubelle les textile, linge et chaussures que vous n'utilisez plus, cela entraîne un incroyable gâchis de matière.
- Ils contribuent à dynamiser et à créer de l'activité économique via le développement des activités liées à la collecte, au tri et au recyclage[85].

Environnemental

- Ils permettent d'éviter le gaspillage et l'utilisation des ressources naturelles : ces textile, linge et chaussures fournissent de la matière première réutilisable qui est transformée pour la fabrication de nouveaux vêtements, ou en matériaux isolants, ou en chiffons s'ils sont de moins bonne qualité, etc.
- Ils diminuent l'utilisation de ressources naturelles et énergétiques, nécessaires pour produire des fibres textiles neuves.
- Ils réduisent l'utilisation d'engrais et de pesticides pour la culture des fibres.
- Ils limitent les nuisances environnementales liées à la mise en décharge.

Sociétal

- Ils créent de nombreux emplois tant pour la collecte que dans les centres de tri et de recyclage : 85 % des TLC sont triés en France, ce qui génère plus de 2 400 emplois.
- Ils fournissent des associations afin qu'elles les redistribuent et/ou qu'elles les revendent à bas prix afin de financer d'autres projets prioritaires (nourriture, logement, éducation, etc.), permettant de venir en aide aux plus démunis.

Astuce ultime

Il est aussi possible de composter des vêtements qui sont composés à 100 % de fibres naturelles, telles que du coton, de la soie, du lin, et sans décoration (paillettes, impressions, etc.).

À savoir

La filière a le potentiel de développer de l'activité et donc de générer des embauches, notamment pour les personnes en difficulté au regard de l'emploi, qui aujourd'hui représentent 48 % des effectifs travaillant sur les plateformes de tri. Ils fournissent des associations afin qu'elles les redistribuent et/ou qu'elles les revendent à bas prix afin de financer d'autres projets prioritaires (nourriture, logement, éducation, etc.), permettant de venir en aide aux plus démunis.

Pour en savoir plus, rendez-vous sur le site www.lafibredutri.fr

Le recyclage, le début d'une nouvelle vie pour vos vêtements

Sandra Baldini, directrice marketing et communication d'Eco TLC (textile, linge de maison et chaussures), une société privée, à but non lucratif créée en collaboration avec les acteurs de la filière textile pour proposer un cahier des charges adapté aux besoins de la filière.

Le constat que nous nous faisons, quel que soit le pays concerné, est que nous avons trop de déchets et de moins en moins de ressources disponibles. La solution qui nous inspire, et s'impose comme une évidence pour notre futur, est l'économie circulaire.

L'ambition d'Eco TLC est de développer durablement une filière des textiles d'habillement, linge de maison et chaussures (TLC) performante dans une logique d'économie circulaire et d'en faire un modèle de compétitivité au plan économique, environnemental et social.

Nous pensons y arriver en :

- accompagnant les marques et distributeurs vers une création et une distribution de vêtements, linge de maison et chaussures écoconçus, durables, réparables et recyclables. Nous lançons d'ailleurs prochainement une plate-forme d'écoconception collaborative en *open source*, simple, visuelle, inclusive. Cette plate-forme est un outil synthétique et accessible, destinée en priorité aux équipes produits (chef de produit, directeurs de collection...) pour faciliter le passage à l'action vers l'écoconception.
- réinventant nos modes de consommation,
- apprenant aux citoyens à entretenir, réparer et prendre soin de leurs affaires, et, en fin d'usage, à toujours privilégier le réflexe de la seconde vie,
- accompagnant les collectivités et les opérateurs de collecte à collaborer pour créer des systèmes de collecte nombreux et accessibles pour rendre le geste le plus simple possible pour les citoyens,
- accompagnant les opérateurs de tri, les recycleurs et les innovateurs pour aller vers une valorisation à 100 % de la collecte à travers la réutilisation et le recyclage.

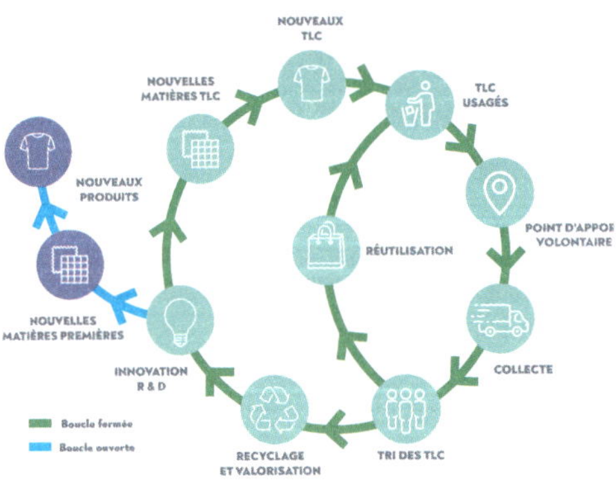

Le recyclage est une des actions qui permet d'éviter le gaspillage : de fournir de la matière première réutilisable pour la fabrication de nouveaux vêtements, de matériaux isolant, de rembourrage, etc. Cela permet donc de réduire l'utilisation de ressources naturelles et énergétiques, nécessaires pour produire des fibres textiles neuves. Autrement dit, utiliser de la fibre recyclée, c'est donner une seconde vie à de la matière qui, autrement, serait détruite, tout en préservant l'extraction de nouvelles ressources.

Surtout, évitez de jeter un vêtement ou un produit textile à la poubelle. Il peut avoir une second vie et être recyclé au lieu d'être enfoui !
Profitez des moyens mis à votre disposition pour leur réutilisation. Selon la fondation Ellen McArthur[86], 2 625 kilos de vêtements sont jetés ou brûlés chaque seconde. De quoi remplir l'Empire State Building de New York une fois et demi par jour.

Pour aller plus loin

De nombreuses initiatives ont vu et vont voir le jour pour encourager le développement d'un écosystème de la mode qui soit toujours plus éthique et durable.

- **Une autre mode est possible (UAMEP) :** collectif associatif et artistique d'entrepreneurs et de *designers* textile qui incarnent la mode libre.
Plus d'informations : uneautremode.fr

- **Paris Good fashion :** association soutenue par la Mairie de Paris, qui travaille sur l'élaboration d'une cartographie du Paris de la mode durable en mettant en valeur les acteurs du secteur et les relais dont ils peuvent bénéficier. Elle accompagne aussi les marques intermédiaires, la jeune création et tous les acteurs du secteur dont les projets de développement intègrent déjà les questions de mode responsable. En parallèle, un groupe s'occupera de mettre au point une filière de laine vertueuse fabriquée en France. Ces projets devraient être mis en œuvre d'ici 2024.
Plus d'informations : www.facebook.com/parisgoodfashion/

- **Impact :** événement hybride ouvert aux professionnels et au grand public qui souhaitent agir pour la transition de l'industrie de la mode. Cet événement a pour objectif de mettre en lumière les initiatives à impacts positifs et à mettre en relation les acteurs de la filière.
Plus d'informations : impact.wsn.community

- **Fashion for Good :** plate-forme dédiée à l'innovation de la mode durable qui travaille en étroite collaboration avec des entreprises partenaires, sélectionne les *startups* les plus prometteuses du monde pour rejoindre son programme intensif d'accélérateurs de trois mois.
⇒ Introductions ciblées auprès des *leaders* de l'industrie : marques, détaillants, fabricants.
  - Introduction aux investisseurs / Accès au financement.
  - Soutien d'une équipe de mentors dédiés.
  - Espace de bureau gratuit dans le centre d'Amsterdam.
  - Propose un musée de la mode écoresponsable.

Plus d'informations : fashionforgood.com

- **Go for Good :** initiative lancée en août 2018 par les Galeries Lafayette. Il s'agit d'un mouvement relationnel, créatif et engagé au service d'un commerce plus responsable. Mettant en valeur la création

en faveur du bien commun, Go for Good répond à la quête croissante de sens et de transparence exigée par les clients et vient concrétiser le nouveau positionnement de la marque Galeries Lafayette dont la mission consiste à rendre accessibles au plus grand nombre le beau, le bon et le bien.
Plus d'informations :
goforgood.galerieslafayette.com

- **La Caserne :** le plus grand accélérateur de transition écologique en Europe pour l'industrie de la mode. La Caserne est un lieu unique, situé dans une ancienne caserne de pompiers en plein centre de Paris. Dédiée aux marques qui souhaitent s'investir pour une mode responsable, la Caserne est un lieu de rencontre entre les créateurs et le public et un lieu majeur d'échange, de formation, de culture et de fête pour tous les Parisiens. Il ouvrira début 2021 au 12 rue Philippe-de-Girard à Paris.
Plus d'informations :
www.lacaserneparis.com/

Si vous souhaitez vous engager davantage dans le développement de cette mode positive, vous pouvez :
- soutenir des associations engagées pour une mode plus éthique et durable,
- signer des pétitions en ligne,
- vous exprimer sur les réseaux sociaux et interpeller les marques,
- partager ce guide pour sensibiliser votre entourage,
- suivre des blogs et médias indépendants et engagés (cf. Carnet d'adresses pratique, page ci-contre).

Fashion Revolution France est une association qui a été fondée en Angleterre suite à l'effondrement du Rana Plaza au Bangladesh. Cette association s'est développée dans plus de 100 pays. Elle réunit *designers*, universitaires, écrivains, chefs d'entreprise, décideurs, marques, détaillants, spécialistes du *marketing*, producteurs, décideurs et amateurs de mode qui s'engagent à transformer l'industrie de la mode.
Elle agit au quotidien et organise la *Fashion Revolution Week*. Lors de cette semaine commémorative du drame ayant eu lieu au Bangladesh, des ateliers et événements de sensibilisation pour une mode plus écoresponsable sont organisés. C'est aussi une occasion pour tout un chacun d'interpeller les marques en publiant une photo de soi portant un vêtement et en leur demandant : « *#Whomademyclothes?* » via les réseaux sociaux.
Plus d'informations :
www.fashionrevolution.org

LE CARNET D'ADRESSES PRATIQUE

Les sites et magazines

Voici des sites et magazines qui vous permettront de vous tenir au courant de l'actualité de la mode écoresponsable, d'acheter des marques engagées, tout en recevant des conseils pratiques au quotidien.

SloWeAre : plate-forme et communauté dédiée à la mode écoresponsable, rassemblant en un seul site actualités, carnet d'adresses (boutiques et marques écoresponsables), initiatives positives, conseils pratiques, etc.
www.sloweare.com

HappyNewGreen.com : blog d'information ayant pour but de faire le tri entre les marques éthiques et les autres, et qui présente de nombreux créateurs écoresponsables.
www.happynewgreen.com

Le générateur de Marqu'iz : outil qui permet d'identifier des marques écoresponsables en fonction de différents critères. Il se trouve sur le blog Iznowgood.
www.iznowgood.com/generateur-de-marquiz/

FemininBio : magazine papier et *online* fondé en 2007 par Anne Ghesquière qui défend les valeurs d'un mode de vie sain, positif et durable. Une rubrique est dédiée à la mode éthique.
www.femininbio.com

Hummade : revue papier indépendante qui explore la mode libre.
www.hummade.fr

TheGoodGoods : média dédié à la mode et au *lifestyle* écoresponsables, ainsi qu'un annuaire proposant une sélection de marques pour hommes et femmes.
www.thegoodgoods.fr

Inhabitat® : site dédié au *design* et au mode de vie écologique traitant des actualités environnementales et des dernières nouveautés en matière de *design* durable. Ce site est consacré à l'avenir du *design*, aux technologies innovantes et à tous les projets ou concepts architecturaux qui mettent l'accent sur l'efficacité énergétique, la durabilité et la connexion avec l'environnement.
inhabitat.com

Conscious Magazine : site mis à jour au quotidien et magazine imprimé annuellement dans 25 pays qui explique comment les idées innovantes et les solutions créatives sont utilisées pour créer un impact dans le monde. C'est aussi un mouvement et

une communauté qui inspirent les lecteurs à travers des récits, des interviews et des collaborations avec des organisations. Conscious présente des initiatives mondiales, des histoires d'entrepreneurs et une culture consciente traitant des arts, du *design*, des voyages, de la nourriture, etc.
consciousmagazine.co

Clear Fashion : l'application mobile pour choisir des vêtements respectueux de l'humain et de l'environnement.
www.clear-fashion.com

Les boutiques

Voici une liste de boutiques physiques et en ligne qui proposent des vêtements et accessoires de mode écoresponsables pour femmes, hommes et enfants.

Altermundi : boutique en ligne et boutiques physiques à Paris.
www.altermundi.com

Bonne Gueule : site de conseils en mode masculine et marque de mode engagée pour hommes, qui a une boutique en ligne et une boutique physique à Paris, Lyon et Bordeaux.
www.bonnegueule.fr

Centre Commercial : boutique en ligne et boutiques physiques à Paris.
www.centrecommercial.cc

Dreamact : boutique en ligne.
dreamact.eu/fr/

Dressing Responsable : boutique en ligne et boutique physique à Paris.
www.dressingresponsable.com

El Market : boutique en ligne et boutique physique à Lille.
www.elmarket.fr

Front de Mode : boutique en ligne et boutique physique à Paris.
frontdemode.com

Modetic : boutique en ligne et boutiques physiques à Romans, Grenoble, Nantes et Lyon.
www.modetic.com/

We Dress Fair : boutique en ligne de vêtements écoresponsables.
www.wedressfair.fr

Manifeste O11 : première boutique de mode végane responsable à Paris, propose aussi une boutique en ligne.
shop.manifesteO11.com/

Emmaüs : réseau de boutiques solidaires dans lequel vous pourrez trouver des pièces *vintage* et de collection partout en France.
www.label-emmaus.co

CrushON : plate-forme de vente en ligne associée à des *vintage markets* proposant des vêtements de seconde main, connectant les friperies et les créateurs écoresponsables aux amateurs de *vintage*.
crushonapp.com

La location de vêtements

Le Closet : service de location de vêtements en ligne.
www.lecloset.fr

Les Cachotières : service de location de vêtements en ligne.
www.lescachotieres.com

La création et réparation de ses vêtements

La Fabrique Idéale : un collectif engagé pour une Autonomie Vestimentaire alliant co-création et upcycling pour une mode sur mesure 100% responsable.
Facebook @lafabriqueideale

La Textilerie : lieu-ressources et lieu de vie dans à Paris, la Textilerie rassemble plusieurs activités autour du textile et du vêtement avec une logique de filière courte et responsable. Ce lieu propose des ateliers de couture, de réparation et un espace recyclerie pour donner une seconde vie à ses vêtements.
www.latextilerie.fr

S'informer pour aller plus loin

Collectif Éthique sur l'étiquette est une association qui agit en faveur du respect des droits humains au travail dans le monde et de la reconnaissance du droit à l'information des consommateurs sur la qualité sociale de leurs achats. Elle regroupe des associations de solidarité internationale, des syndicats, des mouvements de consommateurs et des associations d'éducation populaire.
ethique-sur-etiquette.org

Agence de l'environnement et de la maîtrise de l'énergie (ADEME) participe à la mise en œuvre des politiques publiques dans les domaines de l'environnement, de l'énergie et du développement durable. Elle met ses capacités d'expertise et de conseil à disposition des entreprises, des collectivités locales, des pouvoirs publics et du grand public, afin de leur permettre de progresser dans leur démarche environnementale. L'Agence aide en outre au financement de projets, de la recherche à la mise en œuvre. L'ADEME est un établissement public sous la tutelle conjointe du ministère de la Transition écologique et solidaire et du ministère de l'Enseignement supérieur, de la Recherche et de l'Innovation.
www.ademe.fr

Fair Wear Foundation est une organisation à but non lucratif qui travaille avec les marques de vêtements, les usines, les syndicats, les ONG et les gouvernements pour améliorer les conditions de travail des ouvriers du textile dans 11 pays de production en Asie, en Europe et en Afrique.
www.fairwear.org

HUMMADE – la revue de la mode libre

Cécile-Jeanne Gayrard est rédactrice en chef du magazine Hummade, une revue de mode d'un nouveau genre, indépendante et engagée, qui pose un regard différent et transversal sur le vêtement.

La transition vers de nouveaux modes de production et de consommation de la mode et du vêtement est indissociable d'une transition médiatique impliquant de profondes transformations dans la façon dont sont traités ces sujets. Si de nombreux nouveaux médias numériques consacrés à la mode écoresponsable sont apparus en France ces dernières années, la presse papier s'est très peu renouvelée et reste gouvernée par des logiques entretenant le cercle vicieux « surconsommation/surproduction » de la mode jetable : hégémonie de la publicité dans les supports, manque d'indépendance, médiatisation de tendances évoluant au rythme incessant des *Fashion Weeks* et des changements de saison, etc.

La revue Hunmade est née de ce constat. Elle a ainsi pour ambition éditoriale de mettre en lumière les initiatives de la mode libre, durable et engagée, mais également de parler de mode et de vêtement autrement, en toute indépendance, en s'affranchissant des tendances, et en adoptant une approche sociologique et artistique. Le vêtement y est ainsi envisagé comme un objet porteur de sens et d'histoires, un « fait social total » qui permet de toucher à de multiples autres dimensions socio-culturelles : le rapport au corps, l'identité, la communication non verbale, la matière, les savoir-faire, etc.

Hummade s'inscrit ainsi dans le mouvement du *slow journalism*, revendiquant une approche journalistique plus lente et qualitative, véritable alternative à la frénésie dans le traitement de l'information propre à l'ère numérique. La périodicité semestrielle de la revue permet ainsi à l'équipe de prendre le temps et le recul nécessaires à l'analyse et à l'écriture. Cette approche implique également de minimiser la place accordée à la publicité dans la revue : le nombre d'annonceurs est limité à trois maximum par numéro, et fait l'objet d'une sélection rigoureuse par le comité de rédaction, en accord avec la ligne éditoriale.

Le choix du support *print* s'inscrit également dans cette volonté de « ralentir » pour produire une information réellement différente et transversale sur la mode et le vêtement. La revue contient une centaine de pages de contenus éditoriaux et artistiques. L'objet est fabriqué en accord avec la ligne éditoriale, dans des conditions de production écoresponsables : l'impression est réalisée à Paris, dans la dernière imprimerie située *intra-muros*, selon une technologie zéro carbone et sur un papier recyclé et certifié de grande qualité fabriqué en Italie.

Concernant les contenus, chaque numéro propose un dossier principal sur une thématique précise autour du vêtement mêlant articles de fond, portraits, interviews et photographies (exemple : l'hybridation entre l'art et le vêtement, le végétal comme source de création et d'inspiration textile, etc.). À ce dossier s'ajoutent des décryptages sur des sujets de société en lien avec le vêtement, des focus sur des créateurs et des initiatives de la mode libre et engagée, des *streetlooks*, des sélections de vêtements thématiques, des tribunes et des inspirations culturelles et artistiques.

Un des objectifs de la revue est ainsi de donner des clés pour réfléchir sur ce que nous portons, pourquoi nous le portons, comment nous le portons, quelle est l'histoire derrière et le sens que nous lui donnons. Le vêtement et la mode sont ainsi abordés comme des portes d'entrée qui ouvrent sur d'autres sujets comme la musique ou le voyage. La dimension humaine et créative est replacée au cœur du vêtement. C'est d'ailleurs à elle que renvoie directement le nom Hummade, contraction des mots anglais « *human* » et « *made* ».

***Cécile-Jeanne Gayrard, rédactrice en chef de* Hummade.**

Front de Mode, un nouvel écosystème de la mode

Fondatrice de Front de Mode, parallèlement à sa marque éponyme, Sakina M'Sa a ouvert un concept store original à Paris dédié à des marques et créateurs engagés pour développer une mode plus éclairée.

Depuis 2015, j'ai initié Front de Mode un lieu original qui rassemble et agrège un mouvement de jeunes créateurs qui veulent changer l'écosystème de la mode installée à Paris. (Ce lieu est parrainé par François-Henri Pinault P-DG du groupe Kering.)

Nous avons lancé une révolution du système de la mode depuis Paris, désirable, éclairée et qui échappe aux impasses du luxe ou de la « malfringue ».

S'inscrivant dans le cadre d'un Manifeste, ces créateurs ont en commun de vouloir tous conjuguer leur création avec au moins un des trois piliers du développement durable : approche sociale de la production, respect de l'environnement dans le choix des matières, ambition sociétale et culturelle dans leurs rapports aux personnes. Ce magasin de détail propose un style de vie, une autre manière d'aimer la mode en réunissant des marques *street*, *casual* ou des marques créateurs pointues. Pendant un an, une commission s'est réunie pour sélectionner et approcher des créateurs de talent qui inscrivent leur travail dans les perspectives de la plate-forme collaborative *Manifeste pour un écosystème de la Mode au XXIe siècle* : engagement environnemental, conditions de travail, création d'emploi pour tous, production locale, créativité 3.0. Il en résulte une offre originale et variée de lignes de prêt-à-porter à la fois couture et *streetwear*, accessoires (sacs, chaussures, bijoux, lunettes...) dans un esprit de codistribution.

Situé au 42 rue Volta, le premier magasin-laboratoire Front de Mode est un vaste espace de 200 mètres carrés sur deux niveaux. Il existe aussi le *e-shop*. Dans la boutique les clients eux-mêmes s'engagent à travers des événements divers comme « les rencontres du style et de l'engagement » où un créateur échange et partage sa vision, ses trucs et son bonheur du métier. Chacun pourra aussi venir participer à une séance de *do it yourself* à la française ou, s'il touche les minimas sociaux, participer aux ateliers *solidarmode*.

Front de Mode est un magasin où les aménités se battent pour mettre les tendances à vos pieds et partager avec le plus grand nombre. Chacun pourra acheter des chemises sans bouton et venir les fabriquer sur une imprimante 3D en libre-service. Ou fabriquer des vêtements en achetant les coupons et patrons ou encore mieux juste louer une ou trois pièces en s'abonnant à l'année dans la boutique sur les produits qui coûtent plus de 1000 €.

Front de Mode, c'est le pouvoir d'une « autre mode » en action ! La boutique propose une expérience inédite pour se sentir bien et beau autrement.

Sakina M'Sa, fondatrice de Front de Mode.

Eco TLC est une société privée, à but non lucratif. Elle est née de la volonté des metteurs en marché, et fut créée en collaboration avec les acteurs de la filière pour proposer un cahier des charges adapté aux besoins de la filière. Eco TLC a créé La Fibre du tri, une plate-forme qui a pour vocation de donner en toute transparence, les informations utiles, de promouvoir les initiatives innovantes et de vous permettre de partager avec une communauté de citoyens et d'acteurs de la filière qui ont la fibre du tri.
www.ecotlc.fr / www.lafibredutri.fr

COFREET, Comité français de l'étiquetage pour l'entretien des textiles, et représentant de la filière textile et habillement, assure la bonne compréhension et la promotion des symboles d'entretien auprès des consommateurs et des professionnels du secteur.
www.lavermonlinge.com

Greenpeace est une organisation indépendante des États, des pouvoirs politiques et économiques. Elle agit selon les principes de non-violence et de solidarité internationale, en réponse à des problématiques environnementales globales. Son but est de dénoncer les atteintes à l'environnement et d'apporter des solutions qui contribuent à la protection de la planète et à la promotion de la paix. En 40 ans, Greenpeace a obtenu des avancées majeures et pérennes. Elle est soutenue par 3 millions d'adhérents à travers le monde, dont 150 000 en France.
Informations relatives à la campagne Detox : www.greenpeace.fr/detox

Ellen McArthur Foundation est une fondation britannique qui a pour mission d'accélérer la transition vers l'économie circulaire. Organisation influente, la fondation est parvenue en quelques années seulement à placer l'économie circulaire à l'ordre des priorités des dirigeants d'entreprises, des gouvernements et de la recherche universitaire sur la scène internationale.
www.ellenmacarthurfoundation.org

Zero Waste France : association de protection de l'environnement militant pour la réduction et une gestion plus durable des déchets.
www.zerowastefrance.org

Le Relais : entreprise d'insertion et organisme collecteur des textiles usagés.
www.lerelais.org

Oxfam : association internationale qui collecte et revend des vêtements au profit d'actions de solidarité dans le monde.
www.oxfamfrance.org

Common Objective : réseau de l'industrie de la mode permet à ses membres de créer des entreprises à impact positif.
www.commonobjective.co/dashboard

OCDE (L'Organisation de coopération et de développement économique) : organisation internationale d'études économiques. Elle regroupe plusieurs centaines d'experts et publie fréquemment des études économiques et des recommandations de politique économique. Elle a notamment rédigé un guide de diligence raisonnable pour des chaînes d'approvisionnement responsables dans le secteur de l'habillement et des chaussures établissant une compréhension commune.
www.oecd.org

Global Living Wage : coalition qui fournit des connaissances et des informations sur les niveaux de salaire vital, la mise en œuvre et l'impact nécessaires pour les parties prenantes.
www.globallivingwage.org

Better Work : programme en collaboration avec l'Organisation internationale du travail (OIT) des Nations unies et la Société financière internationale (SFI), membre du Groupe de la Banque mondiale. Elle propose un programme complet réunissant tous les niveaux de l'industrie du vêtement pour améliorer les conditions de travail et le respect des droits du travail pour les travailleurs et stimuler la compétitivité des entreprises de l'habillement.
betterwork.org

American Apparel & Footwear Association : Association qui accompagne les décideurs et les parties prenantes de l'industrie à protéger leur réputation mondiale de marque, leur propriété intellectuelle, ainsi que les travailleurs.
www.aafaglobal.org

Clean Clothes Campaign : Réseau international de référence anti sweatshops, dédié à l'amélioration des conditions de travail et à l'autonomisation des travailleurs des industries mondiales du vêtement et des vêtements de sport.
cleanclothes.org

Rapport de responsabilté sociétale d'entreprise de la marque outdoor **Kathmandu**
www.kathmanduholdings.com/wp-content/uploads/2019/10/Kathmandu_SustainabilityReport_2019_LR.pdf

Site de responsabilité sociétale d'entreprise de la marque *outdoor* **Patagonia**
www.patagonia.com/corporate-responsibility.html

EN RÉSUMÉ

Voici les clés à retenir pour avoir un *dressing* le plus éthique et durable possible.

- Bien vous renseigner sur l'engagement de la marque dans la traçabilité de ses produits.
- Chercher les labels et certifications responsables sur les étiquettes.
- Acheter de la qualité pour de la durabilité.
- Revoir votre rapport aux vêtements.
- Sélectionner les vêtements adaptés à votre corps.
- Créer une garde-robe en accord avec votre personnalité.
- Réduire votre consommation.
- Réinventer votre *dressing*.
- Réduire les achats neufs.
- Trier régulièrement vos vêtements.
- Lister vos besoins.
- Privilégier les basiques, les intemporels.
- Choisir des marques éthiques et durables.
- Bien réfléchir avant d'acheter.
- Entretenir pour faire durer.
- Revendre, donner, recycler.

Faites-vous faire plaisir en ayant conscience de ce que vous achetez.

En alliant toutes ces solutions, vous pourrez enfin avoir un *dressing* écoresponsable, cela ne tient plus qu'à vous ! « La vraie sagesse se trouve en chacun d'entre nous », 1973, Fritz Shumacher, économiste.

La mode éthique et durable ne doit plus être une exception, bien au contraire, le respect de l'humain et de l'environnement doit devenir une norme jusqu'à devenir intrinsèque à l'industrie de la mode et du textile. Vos achats vestimentaires peuvent devenir un message fort envoyé à l'industrie textile, car chaque achat est un vote. Si nous votons massivement pour des vêtements plus respectueux de notre santé, des humains et de notre environnement, les entreprises seront forcées de s'adapter ou elles disparaîtront. Aujourd'hui, l'écologie est au cœur de l'actualité et ne peut plus être ignorée.

La mode telle que nous la connaissons est en pleine mutation. Face à cette quête de sens croissante de retour à l'essentiel, à soi-même, elle laissera sans doute place à de nouvelles formes d'expression vestimentaire adaptées à notre corps et à notre personnalité profonde tout en étant en harmonie avec les humains et la planète.

Bibliographie

Livres

- *Voyages aux sources de la mode éthique*, LIONEL ASTRUC, Éditions Ulmer, 2009.
-*100 Ideas that Changed Fashion*, HARRIET WORSLEY, Éditions Laurence King, 2019.
- *La Magie du rangement*, MARIE KONDO, Éditions First, 2015.
- *Pour une consommation heureuse*, ÉLISABETH LAVILLE, Éditions Allary, 2014.
- *Une mode éthique est-elle possible ?*, MAJDOULINE SBAI, Éditions Rue de l'Échiquier, 2018.
- *Révélez-vous. Votre garde-robe peut changer votre vie*, FLORA DOUVILLE, Éditions Marie Claire, 2017.
- *Le Revers de mon look*, Guide réalisé par UNIVERSAL LOVE et l'ADEME, 2019.
- *La Mode*, GILLES FOUCHARD, Éditions Le Cavalier bleu, 2005.
- *Histoire(s) du prêt-à-porter : 1929-2009, avec la Fédération française du prêt-à-porter féminin*, textes par CATHERINE ÖRMEN, Fédération française du prêt-à-porter, 2009.
- *S'habiller (avec) éthique*, collectif d'auteurs sous la direction de Redress, Éditions Pyramyd, 2017.
- *Porter le changement*, SONIA PARADIS, 2014.
- *Le Vêtement*, M.N BOUTIN-ARNAUD ET S. TAMADJIAN, Éditions Nathan, 2005.
- *The Conscious Close*", ELIZABETH L. CLINE, Plume, 2019.
- *Mode, textile et mondialisation,* DOMINIQUE JACOMET, Éditions Economica, 2007.
- *Les aventures d'un tee-shirt dans l'économie globalisée*, PIETRA RIVOLI, Éditions Fayard, 2005.
- *Slow Fashion: Aesthetics Meets Ethics*, SAFIA MINNEY, New Internationalist Publications Ltd, 2016.
- *Let My People Go Surfing: The Education of a Reluctant Businessman*, YVON CHOUINARD, Editions Patagonia, 2005.
- *Comment tout peut s'effondrer*, PABLO SERVIGNE et RAPHAËL STEVENS, Édition du Seuil, 2015.
- *Cradle to Cradle*, MICHAEL BRAUNGART et WILLIAM MCDONOUGH, Éditions Farrar, Straus and Giroux, 2002.
- *Fibres Fils Tissus : de l'artisanat à l'industrie. Mémento à l'usage des designers textiles*, MARTINE PARCINEAU, Éditions Eyrolles, 2016.

Documentaires et films, pour aller plus loin :

The True Cost, film documentaire réalisé par Andrew Morgan, 2015
Ce film documentaire se concentre sur la *fast fashion*, c'est une combinaison de plusieurs entretiens avec les écologistes, les salariés dans l'industrie du vêtement, les propriétaires d'usine, et le commerce équitable.

Soldes tout doit disparaître, documentaire réalisé par Rémi Delescluse, 2015
Ce film démontre que les soldes reposent sur l'exploitation des ouvriers et la manipulation des consommateurs dans un souci unique de rentabilité.

Made in Bangladesh, film réalisé par Rubaiyat Hossain, 2019
Ce film raconte l'histoire vraie d'une ouvrière textile de Dacca à l'origine du premier syndicat de femmes au Bangladesh.

Unravel, documentaire réalisé par Meghna Gupta et Lucy Norris, 2012
Ce documentaire de 15 minutes montre comment l'industrie de la mode occidentale contribue au gaspillage et au *dumping* massifs, en particulier dans les pays en développement, comme les marchés de seconde main en Inde. Ce documentaire interroge sur la contribution de la culture occidentale de la *fast fashion* à la pollution de l'environnement mondial.

Slowing Down Fast Fashion, documentaire réalisé par Alex James
Ce documentaire est une introduction au concept de la fast fashion et à l'impact qu'elle a sur la survie humaine et amène à réfléchir au concept de slow fashion. Ce documentaire a remporté le prix du meilleur documentaire de mode au London Fashion Film Festival.

#MonEnvoyéSpécial : Textile, mode toxique ?, enquête réalisée par Sophie Bonnet et Antoine Demonet, France Télévision, 2013
Ce reportage révèle les dessous des habits low-cost, devenus toxiques pour ceux qui les confectionnent comme pour ceux qui les portent.

Cash Investigation : Coton : l'envers de nos tee-shirts, enquête réalisée par Sandrine Rigaud, France Télévision, 2017
Ce reportage remonte la chaîne d'approvisionnement des tee-shirts et révèle ce qui se cache derrière l'étiquette des vêtements.

Story of Stuff : The Story of Microfibers, court-métrage informatif réalisé par l'association The Story of Stuff Project
Voici l'histoire des microfibres de nos vêtements synthétiques. Lorsqu'ils sont lavés, ils libèrent de minuscules morceaux de plastique - appelés microfibres - qui s'écoulent par milliards dans nos canalisation, dans nos usines de traitement des eaux et dans nos rivières, lacs et océans.
https://storyofstuff.org

Remerciements aux contributeurs

Nous remercions toutes les personnes qui ont contribué à la rédaction de ce guide en y apportant leur témoignage, des compléments d'information, leur expertise et/ou leur expérience afin de l'enrichir :

- Arielle Lévy, co-fondatrice du label Une autre mode est possible et de Very Good Agency
- Annick Jehanne, présidente de Nordcréa
- Jean-Pierre Mocho, fondateur de JPS Conseil et initiateur de la chaire BALI
- Clea Polar, co-fondatrice de Coco & Rico
- Éloïse Moigno, co-fondatrice de SloWeAre
- Catherine Dauriac, fondatrice de La Fabrique idéale et rédactrice en chef adjointe aux impacts chez *Hummade magazine*, présidente et coordinatrice de *Fashion Revolution France*
- Flora Douville, fondatrice de la méthode La Méta® et auteur du livre *Révélez-vous : votre garde-robe peut changer votre vie*
- Jennifer Maumont, co-fondatrice de la marque Jules & Jenn
- Hélène Sarfati, fondatrice du French Bureau, Les experts de la mode responsable
- Isabelle Quehé, fondatrice de l'association Universal Love
- Rym Trabelsi, co-fondatrice de l'application Clear Fashion
- Mathilde de Sacy, co-fondatrice de la marque Olly
- Sakina M'Sa, fondatrice de la marque Sakina M'Sa et du *concept store* Front de Mode
- Mélanie Larquier, responsable communication de l'association Max Havelaar
- Adèle Rinck, *Circular Fashion Expert*
- Sandra Baldini, directrice *marketing* et communication ECO-TLC
- Cécile-Jeanne Gayrard, rédactrice en chef de *Hummade magazine*
- Philippe Lévêque, *Chief Ecofrugal Officer* et auteur du livre *Le Guide éco-frugal*
- Grégoire Guyon, directeur communication et RSE Armor-Lux
- Caroline Lejamble, fondatrice de Green Bird Dress
- Francesca Giometti, responsable formations sociales et environnementales chez AQM Eurofins
- Ali Rakib, fondateur de la société ForWeavers
- Linda Mai Phung, entrepreneure, styliste et consultante en mode écoresponsable
- Thomas Radal, consultant en achats responsable et représentant Europe pour Ulula
- Nayla Ajaltouni, coordinatrice du Collectif Éthique sur l'étiquette
- Anne Perwuelz, professeur des universités, ENSAIT, Laboratoire GEMTEX à Roubaix
- Valentin Jully, responsable systèmes et solutions chez ZDHC

- Yasmine Fikry, équipe qualité
- Elléore Bomstein, responsable RSE
- Leslie Götz, responsable *marketing* digital de la marque DAWN
- Marian von Rappard, fondateur et dirigeant d'EVOLUTION LAB SGN
- Karine Leclercq-Margraff, directrice développement de la Maison du savoir-faire et de la création et chargée d'instruction pour la label EPV

Nous remercions les marques, entreprises et magazine qui nous ont permis d'illustrer le guide avec des photos : Misericordia, Olly, Sakina M'Sa, SKFK, Dawn, Linda Mai Phung, Jules & Jenn, Wenhua Duvergé, Bag Affair, UAMEP, Alexis Walsh, Armor-Lux, Main Gauche et *Hummade*.

Et un remerciement tout particulier à Julie Zeitline qui a été la personne clé permettant à ce guide de voir le jour et à Pauline Lehoux pour la relecture des textes.

L'histoire du guide

Alice Lehoux et Natacha Ruiz se rencontrent en 2010 sur les bancs de l'ISTA, *fashion business school* dédiée aux textile/mode/cuir, en Alsace. Après leurs deux années passées à l'ISTA, chacune emprunte une route différente, l'une s'envole pour l'Asie et l'autre pour les États-Unis. Tout au long de leurs parcours professionnels et personnels, chacune vit un déclic et change sa manière de consommer la mode. En 2016, elles se retrouvent à Paris et partagent leurs expériences dans l'univers merveilleux de la mode éthique et durable ! De cet échange est née l'envie de créer ce guide, fruit de leurs expériences complémentaires qu'elles ont décidé de partager pour encourager tous les lecteurs à devenir ensemble acteurs d'une mode meilleure.

Les autrices : Alice Lehoux

Amoureuse de textile depuis toujours, Alice avait des arrière-grands-parents liniers travaillant dans l'industrie du lin en France et en Belgique. Elle suit une formation de chef de produit textile. Après une expérience d'auditrice sociale, elle travaille aujourd'hui comme responsable de conformités sociales. Durant ces 10 dernières années, elle travaille successivement dans l'industrie du prêt-à-porter en tant que chef de produit, responsable de production, professeur d'université et monte sa propre marque de prêt-à-porter pour homme en Asie. Au cours de son expatriation au Viêtnam, elle ressent le besoin de rentrer en France pour accompagner les marques à produire d'une façon plus respectueuse de l'humain et de l'environnement. Témoin des conditions de production sur le terrain elle se dit qu'il est temps d'agir et que la transition du changement de *business* modèle de l'industrie textile est possible.

TÉMOIGNAGE

Parce que je crois fortement à la magie de ce monde, je suis convaincue que l'impact de la production textile sera un jour positif. Aujourd'hui, il n'est pas simple d'être l'industriel du textile. C'est une succession de défis, chaque jour, à tout niveau de gamme. Il faut comprendre, se remettre en cause, modifier sa manière de faire, même ancestrale. Est-ce un chien soudainement devenu bleu à la sortie d'une usine de tannage ? Est-ce un reportage sur les poissons sauvages pleins de fibres de polyester, contaminés par ces micro-plastiques dont on fabrique les vêtements et qui se dispersent avec les eaux de lavage ? Est-ce un drame dans une usine de production qui s'effondre sur ses travailleurs, la faute à une structure trop faible et des conditions de sécurité inexistantes ?
Chaque jour de nouvelles solutions doivent être trouvées. Elles ne pourront émerger que de collaborations transversales entre chimistes, ingénieurs, *designers*, fabricants et consommateurs. Nous devons réfléchir à la fin de vie du produit, à son processus et aux conditions de fabrication, et cela avant même de le produire. C'est un changement majeur dans la filière de production.
À travers ce guide, nous voulons éveiller les consciences, fédérer les parties prenantes de cette grande industrie qu'est la mode et impulser une nouvelle dynamique. Le changement doit être global pour l'avenir.

Natacha Ruiz

Serial entrepreneure éclectique, elle est issue d'une formation en communication, puis en *marketing* et *business* de la Mode à l'ISTA, doublée d'un cursus *Fashion & Design* effectué lors d'un séjour à New York. C'est en collaborant avec des marques éthiques et durables aux États-Unis qu'elle vit un déclic et s'engage pour une mode écoresponsable. Ses diverses expériences auprès de marques françaises et internationales, notamment en travaillant avec Jean-Pierre

Mocho au sein de la Fédération française du prêt-à-porter Féminin, la poussent à se lancer dans l'entrepreneuriat. Ainsi, elle co-fonde en 2012, une entreprise dédiée à la promotion et la vente de marques de mode et lifestyle écoresponsables par le biais d'un magazine en ligne, un *eshop* et l'organisation de concept-store éphémères à Paris. Après avoir participé à plusieurs aventures entrepreneuriales ces dernières années, elle développe depuis 2017, Poesia une entreprise à son image alliant art, mode, design et lifestyle écoresponsables. Poesia regroupe des activités variées telles que l'accompagnement de projets, notamment de marques écoresponsables, l'événementiel, le développement durable, le développement personnel, les relations publiques, la production...
Retrouvez sa vision et ses projets sur natacharuiz.com et son entreprise Poesia sur poesia-cie.com

TÉMOIGNAGE

Dès mon plus jeune âge, j'ai développé certaines pratiques responsables quant au traitement de mes vêtements. À l'époque, les vêtements qu'on ne portait plus étaient soit transmis entre cousin(e)s, soit déposés dans les containers de recyclage ou transformés en chiffons selon leur état. Durant mon adolescence, je préférais acheter beaucoup de vêtements pas chers, car j'adorais la mode et changer de tenues régulièrement. À cette période de ma vie, je n'avais pas conscience de l'impact social, sanitaire et environnemental de ce secteur. J'ai dû entendre parler de développement durable pour la première fois quand j'étais étudiante à l'ISTA en 2009. Le véritable déclic s'est opéré lors de mon séjour à New York en 2010, en travaillant avec Eileen Moran, fondatrice d'un collectif de créateurs écoresponsables. Durant ce stage, j'ai découvert une toute autre manière de fabriquer et de concevoir le développement de marques de mode et *lifestyle*. Je me suis rendue compte à ce moment-là que cette vision des choses correspondait davantage à ma personnalité profonde et le processus de changement s'est enclenché. Bien évidemment, ça n'a pas été simple au départ. L'entrepreneuriat m'a aidé, car du jour au lendemain, mon budget mode s'est considérablement réduit.
Aujourd'hui, je favorise le troc avec ma famille ou des amis, je réfléchis à deux fois avant d'acheter un vêtement en étant sûre d'en avoir véritablement besoin. Je privilégie quand je peux les produits de créateurs ou je choisis des vêtements intemporels s'ils ne sont pas écoresponsables. Je regarde les étiquettes pour avoir conscience de la matière et du lieu de fabrication des vêtements que j'achète. J'améliore jour après jour ma consommation en alliant tous les conseils prodigués dans ce guide. Mon rêve serait de pouvoir acheter uniquement des marques écoresponsables voire de faire fabriquer mes vêtements sur-mesure en accord avec mes goûts et ma personnalité. J'ai d'ailleurs commencé à m'intéresser de plus près aux couleurs, matières et formes qui sont adaptées à mon corps. Le monde de la mode est en pleine mutation. Aujourd'hui, nous avons la possibilité de nous l'approprier pour transformer notre rapport aux vêtements et à nous-même.

Notes

1 https://www.larousse.fr/dictionnaires/francais/mode/51911

2 La production sous licence désigne la production d'un bien par une entreprise ayant acheté la licence (le droit de le produire) à l'entreprise qui possède le brevet originel. L'entreprise productrice verse ainsi une rémunération au possesseur du brevet en échange d'une production sur un marché).

3 https://www.fairact.org/informer/les-matieres-premieres/#1490912266328-6ebcecba-43ba

4 https://www.fairact.org/informer/les-matieres-premieres/

5 https://www.organiccotton.org/oc/Cotton-general/World-market/World-cotton-production.php

6 http://www.fao.org/3/a-i4170e.pdf

7 https://www.befair.be/drupal_files/public/all-files/brochure/Brochure%20coton-FR-BD.pdf (page 11)

8 https://www.worldwildlife.org/industries/cotton

9 https://organiccotton.org/oc/Cotton-general/Impact-of-cotton/Risk-of-cotton-farming.php

10 https://www.worldwildlife.org/industries/cotton

11 http://crisisgroup.org/europe-central-asia/central-asia/tajikistan/curse-cotton-central-asias-destructive-monoculture

12 http://infoetsavoir.com/les-effets-pervers-du-cachemire

13 http://www.lescuirsnomades.fr/articles/tannage-vegetal-ou-le-tannage-au-chrome

14 http://www.tts-tn.com/nouvelle-restriction-de-lannexe-xvii-reach-le-chrome-vi-dans-les-articles-de-cuir/
Nouvelle restriction (Annexe XVII) Chrome VI dans les cuirs : 26 mars 2014 : publication au Journal officiel du règlement (Union européenne) n° 301/2014 de la Commission du 25 mars 2014 modifiant l'annexe XVII du règlement REACH, en ce qui concerne les composés du chrome (VI).

15 https://www.animalsaustralia.org/issues/mulesing.php

16 NRDC's Ten Best Practices for Textile Mills to Save Money and Reduce Pollution, Natural Resources Defense Council, février 2010.

17 https://www.fairact.org/informer/les-matieres-premieres/#1491052438049-b3e62a70-5bca

18 https://www.consoglobe.com/les-vetements-en-bambou-sont-ils-vraiment-ecologiques-cg/2

19 https://www.livingcircular.veolia.com/fr/inspirations/suzanne-lee-pionniere-de-la-bio-couture

20 https://storage.googleapis.com/planet4-international-stateless/2018/06/4f99ea57-microplastic-antarctic-report-final.pdf

21 https://storage.googleapis.com/planet4-international-stateless/2018/06/4f99ea57-microplastic-antarctic-report-final.pdf

22 https://storage.googleapis.com/planet4-international-stateless/2018/06/4f99ea57-microplastic-antarctic-report-final.pdf / https://www.microfibreconsortium.com

23 https://www.greenpeace.org/archive-international/Global/international/publications/toxics/Water%202011/dirty-laundry-report-2.pdf

24 https://echa.europa.eu/documents/10162/7dcd73a4-e80d-47c5-ba0a-a5f4361bf4b1

25 https://www.greenpeace.org/archive-international/Global/international/publications/toxics/Water%202011/dirty-laundry-report-2.pdf

26 https://oecotextiles.wordpress.com/2011/01/04/formaldehyde-in-your-fabrics/

27 https://www.roadmaptozero.com/

28 Corruption in the transnational textile industry: an exception or the rule ?, Arturo Luque González, July 2018

29 https://www.greenpeace.org/international/act/detox/

30 Se dit d'une surface, en particulier un tissu, sur laquelle l'eau glisse sans pénétrer.

31 https://www.c-and-a.com/fr/fr/corporate/qui-sommes-nous/developpement-durable/ au 29 octobre 2019

32 Processus dans lequel on utilise de l'eau pour effectuer un traitement sur le tissu ou le produit fini : teinture, lavage, etc

33 http://awsassets.wwfffr.panda.org/downloads/guidewwf2011web1_111019102455_phpapp01.pdf

34 https://cleanclothes.org/fashions-problems

35 https://issuu.com/nyusterncenterforbusinessandhumanri/docs/nyu_ethiopia_final_online ?e=31640827/69644612

36 https://www.thefashionlaw.com/home/bangladesh-garment-workers-fast-fashion-brands

37 https://www.hrw.org/fr/asia/pakistan

38 https://www.lemonde.fr/economie/article/2019/01/25/un-rapport-de-l-ong-human-rights-watch-denonce-les-conditions-de-travail-dans-le-textile-au-pakistan_5414575_3234.html

39 https://www.hrw.org/publications ?keyword=textile&-date%5Bvalue%5D%5Byear%5D=

40 https://www.hrw.org/report/2019/12/18/fashions-next-trend/accelerating-supply-chain-transparency-apparel-and-footwear

41 https://money.cnn.com/2017/06/21/news/companies/american-airlines-uniforms-supplier-change/index.html

42 https://www.theguardian.com/business/2017/jul/17/primark-recalls-mens-flip-flops-after-carcinogenic-chemical-discovery

43 https://www.anses.fr/fr/system/files/CONSO2014SA0237Ra.pdf

44 http://media-publications.bcg.com/france/Pulse-of-the-Fashion-Industry2019.pdf (page 2)

45 https://www.novethic.fr/actualite/social/consommation/isr-rse/infographie-les-10-chiffres-chocs-du-gaspillage-vestimentaire-a-avoir-en-tete-avant-de-faire-les-soldes-146769.html

46 https://www.ellenmacarthurfoundation.org/assets/downloads/publications/A-New-Textiles-Economy_Summary-of-Findings_Updated_1-12-17.pdf

47 https://www.peta.org/about-peta/milestones/

48 https://www.hrw.org/fr/report/2017/04/20/tirez-le-fil/necessaire-transparence-de-la-filiere-dapprovisionnement-dans

49 https://www.gouvernement.fr/32-entreprises-de-la-mode-et-du-textile-s-engagent-pour-l-environnement

50 www.lafibredutri.fr/rrr

51 (site M'taterre ou UNIVERSAL LOVE)

52 https://www.eco-conception.fr/static/definition-de-leco-conception.html

53 https://sustainabledevelopment.un.org/content/documents/5987our-common-future.pdf

54 https://www.ademe.fr

**ADEME : L'Agence nationale de l'environnement et de la maîtrise d'énergie est un organisme de l'État qui a pour vocation principale l'accompagnement des entreprises, des collectivités locales, des pouvoirs publics ainsi que des particuliers vers la transition énergétique. (Cf. Carnet d'adresses pratique, page 143.)*

55 https://www.ecotlc.fr/page-55-historique.html

56 *Histoire(s) du prêt-à-porter : 1929-2009, avec la Fédération française du prêt-à-porter féminin*, textes par Catherine Örmen, la Fédération française du prêt à porter féminin, 2009.

100 Ideas that Changed Fashion, Harriet Worsley, Éditions Laurence King, 2019.

www.portaildelamode.com/histoire-mode/

https://fashionforgood.com

57 https://www.modeintextile.fr/

58 Slogan historique de L'Herbe rouge, l'un des pionniers de l'écoconception dans le prêt-à-porter durable de 2008 à 2017.

59 https://www.oeko-tex.com/en/our-standards

60 https://www.global-standard.org/the-standard/general-description.html

61 https://www.ademe.fr/expertises/consommer-autrement/passer-a-laction/reconnaitre-produit-plus-respectueux-lenvironnement/dossier/lecolabel-europeen-logos-publics/lecolabel-europeen-ecolabel-connu-reconnu-france

62 https://www.ecocert.com/en/certification

63 https://naturtextil.de/en/ivn-quality-seals/about-naturleder-ivn-zertifiziert/

64 https://certifications.controlunion.com/fr

65 https://fr.fsc.org/fr-fr/certification

66 https://certifications.controlunion.com/fr

67 https://www.c2ccertified.org

68 http://maxhavelaar.nl/english

69 https://maxhavelaarfrance.org/le-commerce-equitable/le-mouvement-international-fairtrademax-havelaar/

70 Le prix de revient (ou prix unitaire) correspond à la somme de l'ensemble des charges directes et indirectes, supportées par l'entreprise pour produire un bien ou offrir un service, rapportée à la quantité de biens produits ou de services rendus.

71 http://www.asiatex.org/en/about/184.html

72 https://www.nouvelobs.com/monde/20161026.OBS0343/turquie-le-calvaire-des-refugies-syriens-dans-les-ateliers-mango-ou-zara.html

73 https://www.marceletjean.fr/cout-du-made-in-france/

74 https://www.fairwear.org/about-us/labour-standards

75 https://ch.amfori.org/fr

76 Le point de surjet en couture permet d'assembler des bords avec une couture solide, en particulier les bordures des tricots ou deux bords pliés. www.deco.fr/actualite-737339-couture-apprenez-point-surjet

77 *S'habiller (avec) éthique*, Pyramid Éditions, sous la direction de REDRESS.

https://pyramyd-editions.com/products/s-habiller-avec-ethique

78 https://www.lelin-cotenature.fr/FR/Les-zones-de-production-41.html

79 https://fashionunited.fr/actualite/mode/le-polyester-recycle-est-il-vraiment-eco-friendly/2018112819278

80 https://www.main-gauche.com/blog/comparaison-des-techniques-de-personnalisation-textile

81 https://www.france.tv/documentaires/societe/13865-le-doc-du-dimanche-soldes-tout-doit-disparaitre.html

82 https://www.gouvernement.fr/adoption-du-projet-de-loi-anti-gaspillage-ce-qui-va-changer

83 Plus d'informations https://guppyfriend.com

84 Opération de traitement des déchets dont le résultat principal est que des déchets servent à des fins utiles en substitution à d'autres substances, matières ou produits qui auraient été utilisés à une fin particulière, ou que des déchets soient préparés pour être utilisés à cette fin, y compris par le producteur de déchets. La valorisation se distingue de l'élimination. Elle regroupe la « valorisation matière » et la « valorisation énergétique » (cf. article L 541-1-1 du Code de l'environnement et Lexique MEDDE, p. 29 et 31). www.lafibredutri.fr

85 Opération de valorisation matière par laquelle des déchets sont retraités en substances, matières ou produits aux fins de leur fonction initiale ou à d'autres fins. Les opérations de valorisation énergétique des déchets, celles relatives à la conversion des déchets en combustible et les opérations de remblaiement ne peuvent pas être qualifiées d'opérations de recyclage (article L 541-1-1 du Code de l'environnement). source : www.lafibredutri.fr

86 www.ellenmacarthurfondation.com

Direction : Guillaume Pô
Direction éditoriale : Tatiana Delesalle
Édition : Mélanie Jean
Direction artistique : Chloé Eve
Couverture, conception graphique et mise en pages : Johanna Fritz
Illustrations : Shutterstock
Crédits photographiques : p. 25 : Ali Rakib, p. 29 : Caroline Lejamble ; p. 48 : Shutterstock ; p. 62 : Création Alexis Walsh & Justin Hattendorf, photo Juliana Werring ; p. 68 : Wenhua Duvergé, pp. 70-71 : SKFK ; p. 75 : Linda Mai Phung ; p. 85 : M. Sandinha ; p. 93 : DAWN ; pp. 95 à 97 : Laly Picon ; p. 100 : Main Gauche ; p. 105 : Jules & Jenn ; p. 107 : Olly, photo Maeva Delacroix ; pp. 108-109 : Misericordia, photos de Misericordia-Aurelyn ; p. 125 : Sakina M'Sa. Photo de droite : @bimduo. Photo de gauche : Save the planet @louanncorre ; p. 137 : Bag Af'fair ; p. 147 : Hummade.

Direction de fabrication : Thierry Dubus
Suivi de fabrication : Gwendoline Da Rocha et Julia Mirenda
1re édition - N° d'édition : M20057
ISBN : 9782317022067
Code MDS : MN00266
Achevé d'imprimer en mars 2020 par Interak en Pologne

www.mangoeditions.com
Dépôt légal : avril 2020

FSC
www.fsc.org
MIXTE
Papier issu de sources responsables
FSC® C015559

Ce livre s'inscrit dans une démarche écoresponsable :
- Cet ouvrage est imprimé sur du papier certifié FSC issu de forêts gérées durablement.
- Il est imprimé avec des encres à base d'huile végétale, c'est-à-dire fabriquées principalement à partir de matières premières renouvelables, sans huiles minérales et biodégradables.
- Il a été imaginé et conçu en France, et imprimé en Europe.